胜出

非掠夺社交智慧与共享式领导力

THE POWER OF THE HERD

［美］琳达·科汗◎著　陈栋◎译

中国友谊出版公司

图书在版编目（C I P）数据

胜出：非掠夺社交智慧与共享式领导力 / (美) 琳达·科汗著；陈栋译. -- 北京：中国友谊出版公司，2018.4

书名原文: The Power of the Herd: A Nonpredatory Approach to Social Intelligence, Leadership, and Innovation

ISBN 978-7-5057-4219-2

Ⅰ. ①胜… Ⅱ. ①琳… ②陈… Ⅲ. ①管理学 Ⅳ. ①C93

中国版本图书馆 CIP 数据核字(2017)第 248708 号

著作权合同登记号　图字：01-2018-0323

书名　胜出：非掠夺社交智慧与共享式领导力

作者　[美] 琳达·科汗

译者　陈　栋

出版　中国友谊出版公司

发行　中国友谊出版公司

经销　新华书店

印刷　河北鹏润印刷有限公司

规格　710×1000 毫米　16 开

　　　13 印张　150 千字

版次　2018 年 4 月第 1 版

印次　2018 年 4 月第 1 次印刷

书号　ISBN 978-7-5057-4219-2

定价　45.00 元

地址　北京市朝阳区西坝河南里 17 号楼

邮编　100028

电话　(010)64668676

序　言

纵观历史，那些身着闪亮盔甲的骑手，其坐骑都是精力充沛、训练有素的。如果你是个经验丰富的骑手，你就知道这些胯下的生灵并非一出生就是白色，而是灰色的，很有可能还是黑色的。

毛色纯白的马极为罕见。有些专家甚至认为这种马根本不存在。电影中的那些英雄骑着白马纵横驰骋，但他们骑的马都是年纪较大的，这些马年幼时乌黑的毛在经年累月中迅速褪色——它们的注意力、自控力、竞争力却随多年的精心训练不断增长。

于是，黑马逐渐变成灰马，然后是银马，最后变成白马。

这是创新力、同情心、心智、情智和社交能力发展的一个隐喻。我们越尽力地发展自己的才能，发展那些难以实现的创造力、领导力和合作能力，我们就会越快地超越自我。

如果黑马象征着无意识、不加约束的精神、活力、直觉和本能，那么加工这些“原材料”的过程，也就是将其变成有意识的行为的过程则是我们今天必须选择的道路。我们不能再坐等伟大领袖横空出世。尽管那些历史上的奇人光芒四射、让人振奋，但他们的存在的确是一个谜，旁人无法领悟，也无法学习。等待的代价太高。

我有生以来，在这五十多年里，风云变幻。和婴儿潮一代中的数百万人一样，我见证了在种族隔离的结束、公民权利、女权主义、性解放运动、苏联解体、金融管制的放松、经济危机的爆发和互联网的诞生。在这些社会及科学剧变影响下，“传统”家庭结构的逐渐式微、不断演化。

2008年，这些力量中的很多都结合起来，促成巴拉克·奥巴马当选美利坚第一任黑人总统，这种发展态势是我那来自美国南方保守的祖父母所无法想象的。不管未来谁竞选这个令人垂涎的职位，这次总统竞选都会是美国历史上重要的转折点。

在我呆板守旧的祖母看来，共和党候选人同样令人不安：一个按惯例值得尊敬的战争英雄[①]和一个坦率的女副总统——她的女儿未婚先孕[②]——成为竞选搭档，印象够深刻吧？在20世纪中期，这位自称“灰熊妈妈[③]”的女人无疑会因种种不合女家长身份的行为被女性彻底排斥。

尽管萨拉·佩林看似支持传统价值观，但她在政治舞台的出现本身就意味着一种家庭结构的显著创新。在这种家庭中，女人得到授权后可以成为领导者，同时要富有同情心和接受所要面临的诸多挑战，这些挑战是子孙后代来到这个世界上时将要面对的。

在过去的一个世纪，迅猛的社会变革给了更多人更大的自由，当然，随之而来的还有不少对自由的恐惧和斗争，所有这一切都以同样的

---

① 2008年美国共和党总统候选人麦凯恩。

② 共和党保守派反对堕胎和婚前性行为。

③ 在2010年的美国总统竞选中，萨拉·佩林自己制作的竞选视频，名为“灰熊妈妈”，后“灰熊妈妈”一词在美国爆红，意指共和党右派投身期中选举的女将。

方式挑战奴隶和奴隶主的后代。他们不仅要改变自身的形象和信仰，还要改变他们原本珍视的、根深蒂固的无意识行为。

本书研究的是后者，而且有望得到改变：权力游戏、精神创伤和以自由赋权人的身份想要更卓有成效地前行，就必须改变相关的习惯。在这里，我们超越了“自由”和“保守”的议题，专注于行为模式，这些行为模式在所有社会、宗教、商业、政治、科学和哲学派别的表象下发挥着自己的作用。

在第一部分中，我们将聚焦于马与人之间的特殊关系。马身上有一种独特的“非掠夺智慧”，而这种智慧能极大地培养骑手的领导才能。不管是里根、丘吉尔还是华盛顿，这些人成功的背后无一不有马的功劳。第二部分，我们会将注意力转向更加深广的智慧层面。“合作”、“忍耐”、“智慧”等都是马可以教给我们的内容。第三部分作为全书的总结性部分，提出了我们在纷繁复杂的状况下，如何才能够脱颖而出。最终，我们能从中找到新的灵感与智慧，发现人生的新道路。

为了让这潜藏着危险的旅途更舒适，我们将在马背上旅行，骑着这种自文明伊始就帮助我们跨越新领地的动物前行。比起用双脚，这种方式更快也更优雅。但难就难在这：离开大路之后，我们会放下缰绳，不时地让马带路，这就揭示了一种用社交能力和非掠夺的方式取得领导地位、实现创新、达成协作、获得能力的途径。认识到这些动物可以教给我们很多东西——正如本书中提到的科学研究证明一样，它们一直在教导、赋权、治愈并改变我们——我们将会放弃认为自己是地球上唯一的智慧生物的想法。

2012年7月7日，一个著名的国际科学家组织正式支持这一说法。在对多个物种进行数十年生理学和行为学实验的基础上，《关于非人类动物存在意识的剑桥宣言》（*The Cambridge Declaration on Consciousness*）明确表示："非人类的动物有神经解剖学、神经化学和神经生理学的意识状态的基质，使它们能用行为表达自己的意图。"因此，这足以证实人类并非唯一拥有产生意识神经基质的生物。这份文件承认，"在人类情感状态中激活的神经网络对产生情绪行为的动物也非常重要"。这些动物包括"所有的哺乳动物，鸟类和多种其他生物，包括章鱼"。

接受其他物种可以思考、感觉还可以做判断的事实，对每个人来说都意味着游戏规则的改变。然而，这并不意味着这些动物能分享我们看问题的视角，了解我们的轻重缓急。随着本书的展开，你会发现我们有理由感谢其他物种，特别是像马一样高度社会化的非掠夺动物。它们提供了另一种获得能力，实现协作和通向人际交往的自由的途径，凭借这些经验，它们已经在整个历史中教会过很多卓越的领导者。

想象一下，如果最后所有人都学到这些经验，有意识地加以运用，并创造出一种共享型领导模式，用以激发整个团队的天赋。如果我们最终学会如何团结一致，还有什么目标不能实现呢？

目录

第一部分：骏马与领袖

第二部分：社交智慧

第三部分：胜出

第一部分：

骏马与领袖

第一章　驯马VS驭人

【编者按】

在创立艾波娜马术机构的十几年中，作者一直与马打交道。她发现，马作为一种有着敏锐直觉、高超灵活性、高度适应性的非掠夺性生物，能够给骑手带来审视自己身体和心灵的绝佳机会。

马如同一名最优质的下属——它不但忠心耿耿、不评价你的任何决策，而且在每一次完成任务的过程中，它都保持着专注、敏锐和勇气。长此以往，骑手会自然地被改造成更果敢、更英明、更富有同情心和合作精神的领导者。

这是为什么驯马能提升领导力的重要原因。

我和马的缘分

1997 年，亚利桑那图森市的一群驯马师、教育家和咨询师成立了一个名叫艾波娜马术服务的马术学习机构。我们和马搭档，用合作和非掠夺的方式实现领导力、心理健康、社交智慧的提升和社区构建，并在这个过程中尝试人类最高追求和自然界智慧的结合。

2001 年，当我的第一本书出版时，这个组织忽然因为远见的影响力吸引了国际上的关注，我没有料到会吸引这么多人参与到行动中。随着需求越来越大，我们开展了一个长达数周的学徒项目，帮助合格并且有资质的服务商将我们的原则和技术引入到他们自己的项目中。在 2012 年，艾波娜马术服务升级为艾波娜探索国际（艾波娜探索国际的官方网站：eponaquest. com），近两百名艾波娜探索国际的教练员在五大洲同时开展业务工作。

这种势头是建立在我们多年经营的基础之上的。比如，在 2005 年，大量涌入的国际学生启示我们在著名的亚利桑那牧场建造一个骑手隐居处和会议中心。在那里，一队探险家，一群秉持个人主义理念的人将我们最宏大的理论付诸实践。我被推举为领导者，这个角色是我竭力去理解，尽力不去辜负的。基于协作和社区的理念开展业务，我们每天都会遇到巨大的挑战。位于阿帕奇泉水牧场的马术训练项目成为活生生的实验室，我们几人整周都待在牧场，看客户来来去去而变得更加复杂。很多时候，我都觉得比起一个研究员或者一名教师来说，我更像一只大白鼠。幸运的是，我们所宣扬的理论被实践所强化，持续不断地解决我们遇到的问题。

2009 年，该中心有了更高级的功能，它开始提供为期一天的研讨会和为期一周可住宿的工作坊。我们的客户包括教育家、顾问、牧师、创伤后幸存者、家长、青少年、工程师和企业家。他们都在寻找自己的方式，为了在实现赋权的同时能够和他人更有效地沟通。我们也帮助退伍士兵及其配偶练习必要的心理健康技巧，以应对创伤后焦虑和重返社会等其他挑战。尽管如此，因为经济危机恰好出现在我们成长的关键阶段，业务遭到了金融风暴的冲击。到了夏天，我们美丽的牧场已经在挂牌出售了，我们再一次回到了代理商的业务上来，将我们的客户送往不同的马术训练地点。

在阿帕奇泉水牧场生活和工作的变化使得我们更用心地去探索领导力、能力、创新力、直觉、自愈性和社会变革。在此期间，客户和员工一同享受骑马的快乐——将灵感提高到一个新的高度，在一个瞬间拓展自己的感悟；在下一瞬间体味深邃的恐惧、脆弱、沮丧、愤怒和悲哀；从错误中获得智慧；并最终恢复平静，满怀敬畏地回到牧场。

沉痛的打击与深刻的启迪

屋漏偏逢连阴雨，船迟又遇打头风。

就在刚刚结束最令人心痛的工作，解雇艾波娜中心的员工后，我突然发现我的灵魂伴侣——马儿拉莎，正因绞痛挣扎在生死的边缘。我的丈夫抛售音乐器材来为搬家筹集路费，我向几位好友借了些钱，用来养活马群和负担牧场最后的费用，我坚信任何忠诚的员工和厂商都不应被拖欠款项。我有时候觉得自己可怜，有时候对自己日渐增长的损失感到彻底的愤恨。我面临的抉择是我要出售一匹聪颖的马来支付拉莎的医药费。同时，我还要做好心理准备：虽然倾尽全力地照顾它，但它还是可能死去。

对于马来说，拉莎承担着一个不寻常的重担。它是我马术学习训练最初的灵感来源。马术学习训练是我前两本书的主题，也是发展中的国际运动的缩影。好多人把拉莎当成明星，这对我来说是一些安慰，对它来说则更像是一种诅咒。因为他们经常以比对创始人更尊敬、更兴奋、更期待的态度接近这匹沉着、稳定的雌马。然而，那天晚上，我和那些从它生病联想到整个远见的消亡的人一样都有负罪感。幸运的是，我回过神来，开始轻轻地、同情地将我血肉模糊的伴侣和它传授并影响我的使命分开。虽然它最终也没有完全教会我这个使命，但它对此并无任何责任。

作为一匹马，拉莎可以给人以启迪。它会自觉地改变，给我们指出和世界联系以及彼此联系的新方式，但它却不能将这项事业所涉及的组织细节发展到新阶段。事实上，远见已经超越了我最狂野的梦想，并且有了自己的生命。同样，我也必须承认我看不到它完成的那一天。

那一刻，尽管我并没有遇到“教堂式思考”这个词，但一股奇怪的力量把我的大脑搅得天翻地覆，这一剂足以致幻的“教堂式思考”完全改变了我的观点。

这样突然的转变让我觉得自己在一瞬间或者一小时内漂浮起来，思维清晰而且很平静，在宏伟的结构中所有的一切仿佛都是合理的。我清楚地知道，我在阿帕奇泉水牧场的经验是一个阶梯，是一个快速启动涉及几代人事业挑战的高级课程。这项事业的目的在平衡我们文化中的侵略性、不必要的破坏性方面，提供个人专业的工具，以实现长期有意义的改变。

拉莎活了下来，它所象征的使命也是如此。它又尽其所能地活了两年，尽管日益加重的关节炎让它日渐衰弱，并导致它在二十岁时死去，但有拉莎在我身边，我感到精力充沛、倍受鼓舞。拉莎仍然很幸运，没有意识到我觉得无比乏味的组织挑战和人际闹剧。然而强大的它一直在身边支持我，帮我度过了开拓新路的狂喜和沮丧——带领一些对我有所期待的人前进，这方面它真是毫不逊色。

开始时，我只是充满好奇心和探险精神，拥有有效但不完整的视野和无法将其诉诸笔尖的能力，但这足以吸引那些对人类潜能有更广阔视野的人了。然而，我的大多数学生、同事和员工急于表现自己的能力，开始了自己的尝试。其他一些人想要我了解他们的精神需要并回答他们不知该如何表达的问题。有些人前来寻找他们想象中的完美父母，期望我能保护他们免受令人震惊和疑惑的人际挑战。还有些人妒忌我的成功，急切地期待我的失败。数年来，我感觉像是乘着一个充满激励、崇拜、疑惑、失望和痛苦的过山车走过来的。

随着时间的流逝，经过了反复摸索，同事和我发展出一些领导和构建真实社区技能，这对每个相关的人来说，考验更易于管理，变得富有乐趣。奇怪的是，在我试图将马的高度适应性、高度社会性和非掠夺视角转换到人类的环境中时，我的学生却越来越像马一样，他们开始茁壮成长，获得追求理想的勇气，磨炼实现理想的技能。

正如新闻记者华特·温切尔评论所说："领导力是将远见转化为现实的能力。"和马一起工作教会我如何在现实的存在状态与奇怪无形的天国之间流畅转换。在天国中，目前无法想象的东西在盘旋、在等待，等待有勇气、耐性、智慧和魅力的人将无形化成有形。而这就是我们改变世界的方式。2001 年，在拉莎离开我的时候，我已经学会了管理任何一个有远见的人都要面对的压力、疑虑和情绪困扰。事实上，如果要把拉莎的生活轨迹神秘化，我也许会这么总结：它在闲逛时安静地教导着我，载着我，直到我得到一个关于领导力的更缜密的视角，可以在没有它的陪伴下走完这条路。从这点来说，我很幸运，能拥有这匹马，它不仅载着我，而且还激励我。

艺术家和创新者毫无例外都因远见而苦恼，因为美好的愿景并不能减轻路途中误解、疲惫、受伤、羞愧、责备、贬低和背叛等造成的影响。在长期的奋斗中，灵感很轻易就滋生一对粗暴的双胞胎：痴迷和沮丧。虽然说前者的能量能帮你渡过后者造成的灾难，但是，这需要付出巨大的代价——年复一年地透支自己。这反而让健康和幸福成为一个更加迫切的话题。就像把起居室的电灯接到220伏的工业插座①上，日复一日，然后有一天灯可能就烧坏了。残酷的是，没有任何人能够得到事前训练，只有亲自体会过的人才能够感受到这一点。创新者必须学习如何在超负荷的灵感和事业的议程中实现个人需要的妥协。

在无数省心的方式中，马教会我如何处理激情和疲惫。它们锻炼了我在面对下一轮挑战时所需要的勇气、同情心、耐心和镇静。它们向我展示了马群为何可以成为力量和创新的源泉，而不是屈从、权利剥夺和压迫的根源。它们也见证了一个可以驾驭变革甚至扭转悲剧的领导模式的诞生。

---

① 美国家用电压为110伏。

深邃的宁静

很多人都认为被掠夺者都生活在时刻担心和高度警戒的状态中。但是对马，特别是对那些没有经过人类虐待、没有留下创伤的马有足够了解之后，你就会发现并非如此。马不会因为担心有狮子出现而整夜不睡，也不会为控制接连不断的状况而制造麻烦。淡定且适应性良好的马会与命运合作。它们并未仅仅着眼于什么该发生或者什么不该发生，而是在觉察什么正在发生、什么将要发生。它们判断当前环境是否符合它们的最佳利益，然后决定是顺其自然还是逃之夭夭。

马不会试图改变环境。它们大部分时间都保持着一个放松的状态，但是意识仍高度紧张，准备好应对所发生的一切。因此，它们是评估现实中细微变化的大师，并灵活地躲开了人类因期待最好的事情但关注最坏的结果而扭曲现实的趋势。对领导者来说，这种拓展的非掠夺视角带来更高的风险管理能力：关注当前环境细微的动态变化帮助人评估自己能不能控制或改变什么，从而及早把握一个意外的机会，避免被淘汰。

不管发生了什么，马都展示了卓越的情绪灵活性：它们坦率真实地度过每一刻，又经历恐惧、痛苦、兴奋、嬉闹和十足的喜悦，然后再回到牧场。它们每天的大部分时间都在懒洋洋地闲逛，有着那种当你不再恐惧生活时，心中自然实现的深邃的宁静。

安静地坐在拉莎旁边，和它共同体会每个瞬间，共同呼吸，听着它心脏的跳动声，我经常感到安宁萦绕着我，不管我当时经历着什么挫折。这本身就是奇迹。它的存在是强有力的，而非消极被动的。马在早期教会我如何积极应对每天出现的人，彰显我们隐藏的天赋、伤口、脆弱和陈腐的陋习。不知它们是如何做到可以在没有一丝审视的痕迹下明察秋毫，并且告诉我们，就本质来说，我们漂亮、强大、聪明而且有无限恢复的能力。

透过拉莎的眼睛，我看到人类的功能失常是肤浅的才气焕发，那是非常剧烈的，有时还让人不快。但这并非一成不变。每当我试图用优雅或十足固执的方式放弃过时的模式，获得一个崭新的视野时，拉莎就会表现出这种改变，并引导我对自己“是什么、做什么”有更深刻的了解。虽然它没有丝毫的野心，却能不断提高要求，不断延伸我对自己在世界中的位置、我的事业、我尚未开发的潜能的有限思考，帮我成为一个更有效率的人。它使我不仅拥有足够大的梦想的能力，而且拥有驾驭一个有生命的远见的能力——并鼓励用远见来超越自己。

毕竟永恒的视角是清晰的：快乐和挫折变化不断，但是对长久价值的追寻却不能否认。如果人们都是“按造物主的外形建造的”，那么人类的使命就是创造。那些接受挑战、创造一些真正非比寻常的事物，创造那些到处流露着神圣气质的事物的人并没有世俗的借口、合理的期限和大量银行存款。我无法想象一个中了乐透大奖的人会支持这个有重要社会价值的想法。

毫无疑问，奋斗是创新的一部分。提前了解到这些是很有帮助的，特别是当最初的激情让位于现实的时候。同样重要的是，我们要认识到自己可以实现内心的宁静，就在此时，就在此地。马每天都在做这样的事情。人经常忽略这个至关重要的延续生命的因素，把天堂归为顺从的奖励。如果没有马的智慧让我安静下来，让我振作，支撑我承受不可避免的压力，我一生的追求可能只是动荡、牺牲和冲突。

向马学习

随着我越来越灵活地驾驭我的马、集中它的注意力、得到它的尊重，我的家庭和工作关系也得到很大改善。人们都注意到了这个变化，但没人能够指出我改变了什么。我也注意到非语言的行动在自己和他们身上起了作用，使得在员工和雇主的两端加强这个非正常的模式。这就像当我们正要经过黑暗之处时，忽然有人打开了聚光灯。几年内，我都无法向别人解释我的观察结果。随着时间的推移，认识到了无论我们人类多么努力地支持改变，多么勤勉地争论这个议题，多么狂热地规划，我们都无法讨论比我们所能讨论的更强大的行为动力。这是我所接受的作家、音乐家、妻子、朋友、员工和日益成为领导者的教育中缺失的环节。

心理学家观察到人际交往中语言交流只占10%。最初，在我们社会中，我们的教育体系教我们把身体、环境和非语言的细微变化分开，我们开始日益沉迷于用语言来交流。然而随着手机、电子邮件和短信息的发展，我们的交流越来越多地通过通信工具进行，而更少地进行面对面交流。我们去哪里学习掌握“其他 90%的潜能”呢？对我来说，那个简朴但可以住宿的马厩是个很适合的环境。事实上，在性格发展的训练中，我的任何一个方面都需要马群来帮助我提高。经过一些接连不断的经验教训，我那四条腿的伙伴把我改造成一个更投入、更果敢、更有直觉、适应性更强和更有勇气的人。与其说是教导，不如说是调整我的节奏，随时间的推移帮我得到一个更平衡的频率。我很惊奇地发现，就像珀伽索斯（Pegasus），那个启迪了无数诗人、艺术家和音乐家的天马一样，我的马可以用最简单的沟通消除作家面临的障碍。就像禅宗大师，这些优美有洞察力的生灵帮我更轻松地处理矛盾。它们甚至握着处理情绪的钥匙，这无关抑制和表达。我可以在各种人类困境中像马一样行动，完全改变结果。因为马在安静中教会我的比我从任何人的话语中学到得更多，马厩愈发呈现出一种神秘色彩。

把马的智慧转化为人类的口语和书面语整整花了我十五年的时间，而且我还可以在交谈中表达出重要的逻辑。1993 年，当我开启研究历程时，大多数支持我这么做的调查都不存在。所以对于我接受的这项事业来说，我看起来生在了合适的年代和合适的地点。经过好多年和无数次试验，我也发现将这种技能教给他人的方式。虽然我现在有很多可以在会议室和演讲厅分享的东西，但在轻松高效地改造人类行为、启发低效习惯和潜在的力量、教我们认识到并最终掌握“其他 90%的潜能”的方面，马是真正的大师。

从这个方面来说，毫无疑问，历史上那些最强大的领导者——从亚历山大到凯瑟琳大帝、乔治·华盛顿、温斯顿·丘吉尔和罗纳德·里根——都是技艺精湛的骑手，他们曾经和精力充沛、被认为是英雄的战马有亲密的联系。不考虑各自的政治理念，这些人在压力下都表现出高度的镇定、明确的意图、足够的勇气和坚定的信念。他们的坐骑并非无脑的机器。他们需要——而且在持续地培养——一个近乎超自然的领导力，以便激励其他人正视极端困境，创造一个全新且宏大的帝国。亚历山大和乔治·华盛顿多年都骑着同一匹战马冲锋陷阵也说明了马作为力量源泉滋养关系的能力：鼓励你挖掘潜能，却不加重你的负担，甚至在最危险最绝望的境地也是如此。他们的战马回报了他们的青睐，不止一次地在战场上救了他们的命。

有时商业、政治、教育和宗教看起来像是不同的力量，但它们有一个非常重要而且很致命的缺陷：不信任你的身体。于是文明打破了人类革命的最佳发展潮流，你的身体就是载着你的思想的马。它是有感觉的生物，而不是机器。饿着那匹马，逼它服从，忽视它蕴含的丰富的非语言智慧，它就会在你最需要它时辜负你，在经历危机时摔你下马，或者在最不合适的时刻闯入事故中。重新唤醒身体的智慧——学着去和本能、直觉和情绪搭档——这些技能在做出持久有意义的改变所需要的力量、创新、精神、同情和耐力中至关重要。

在我的教堂里有一群马，它们是我最伟大的老师。这是一门课，这是一则手册，其中有它们所教会我的所有微妙但强大的姿态。

第二章　马背上诞生的领袖

【编者按】

很多人都会将领袖的功绩归因于他们的个人魅力。事实上，没有任何人能够不经历磨难就成为伟大的领袖。

不论是里根用烈马来训练自己的抗压能力，还是丘吉尔指挥坐骑化解了危机时刻，都有迹象表明骑马的经历让这些领袖们能够更从容地应对复杂的政治压力。

从某种意义上说，骏马造就了伟大的领袖。

里根的“休闲”运动

请求支援的要求是前所未有的，特别是在选举后这么短的时间内——一个特勤局特工受伤了，美利坚未来的总统正在照顾他，等待支援。里根都还没有宣誓就职，他就已经成为一个危险人物。

“我这儿有个大麻烦，”特勤主管在随后向白宫的汇报中窘迫地说，“我需要一个会骑马的人。”

原来是里根在一场精疲力竭的选举之后想要去加利福尼亚牧场放松一下。但是如果总统保护组的成员在马背上像基斯通警察[①]一样，他很难放松下来。约翰·巴莱塔（John Barletta）在他那本深刻但不失诙谐的书《和里根一起乘风破浪：从白宫到大农场》（*Riding with Reagan: From the White House to the Ranch*）中提到：特勤组的人在到达天堂牧场的第一周都不知道如何拴马，所以总统开始只是以给所有的坐骑加

---

① 20世纪初的喜剧默片中虚构的无能的警察。

上了马鞍而告终。当他们开始骑马时，情况变得更糟。里根在策马奔腾，跳过围栏，穿越崎岖的圣伊内斯山。特勤组的人虽然已经竭尽所能，但还是跟不上里根的节奏。最终，一个特工从马上掉下来，摔断了胳膊。这个无数牛仔电影中的老手[①]翻身下马，冲到这个特工身边，守着他，直到剩下的特工赶来。毫无疑问，里根也监督了救援任务，直到他那些骑马新手特工发现如何经过一个风景优美但却让人惊慌的迷宫般的小径，把他们受伤的同事送回牧场总部。在这些小径上，鹿、羚羊和蝎子、响尾蛇、山狮等曾和他们一起玩耍。

“那时我的主管说事情不应该是这样，”巴莱塔用他典型的手法轻描淡写道，“不应该是总统帮助和安慰特工，而应该是特工帮助安慰总统。”然后一个举国寻找可以在马背上陪伴总统之人的活动迅速开展，最终找到了完美的目标——一个集老兵、特工和资深骑手多种身份于一身的人——巴莱特在接下来的十年中陪着里根跨越几大洲，骑行数百次。

上马之后的总统是巴莱塔小组所面临的最大挑战。当里根把马鞍装上马之前，安全小组有几个小时的工作要做。那匹名叫阿拉曼的马也一直添麻烦。这匹马是盎格鲁－阿拉伯马，有着一半的纯种血统和一半的阿拉伯血统。这使得它兼具纯种血统的速度和阿拉伯血统的强度和耐力。它精力很充沛，巴莱塔说：“你骑得越久，它就越兴奋。”

---

① 里根曾在好莱坞出演数十部电影和电视剧。

这匹马是墨西哥总统送上的礼物，它已经学会了如何跳出马厩，以及如何站起来用后腿走路。哪怕最资深的骑手都会被这个动作威吓到。事实上，阿拉曼天生跳脱兴奋的本性被迷恋西班牙征服者遗产的教练进一步加强。这使得他们能够培养出骄傲、强大、精神饱满的马。在某种程度上，这也是为了威吓敌人、农奴和其他民众。

从古代直到新大陆的征服，一匹精心训练的战马可以根据命令用前腿蹬或者用后腿踢来击伤步兵。它也可以毫不迟疑地跳向一边，慢慢停下，转圈然后飞奔；在激烈的战场上，如果骑手下马参加肉搏，它就会站在原地。奥运会的高级赛马仍然会演示这样的技艺，而且这些和平时期的追求也需要巨大的勇气、坚韧，冒着危险去训练。毕竟马是一个惊人之谜，一种被掠夺动物愿意忍受战争的恐惧和未知的前景，因为一些仍然令人困惑的原因，载着世世代代的骑手跨越整个世界，而有时也会因途中的格外勇敢受到表彰。

里根是在美国骑兵部队开始了自己的军旅生涯，这也难怪他在阿拉曼背上会有种历史重现的感觉。他一次可以骑三四个小时，路上也很少跟巴莱塔说话，完全沉浸在骑马的过程中。尽管如此，总统最爱的坐骑对那些奉命保护无畏的总统的人来说仍然万分头疼。阿拉曼非常暴躁和轻狂。有一次巴莱塔找来了兽医道格·赫赛尔（Doug Herthel）来检查这匹马是不是背痛或者患了其他暗伤。在跑步机测试中，这匹马表现得要比一般的赛马更好，它两分钟就达到了最佳呼吸水平，而大多数纯种马都要花五分钟才能达到同等水平。赫赛尔，本身也是一名资深骑手，但他在接下来的骑马过程中控制阿拉曼时却遇到了一些麻烦。“我不觉得它有什么问题，”骑过二十分钟后的医生说，“但我不敢相信你竟然让总统骑这玩意儿。”

“虽然如此，总统很喜欢那匹马，”巴莱塔观察说道，“就像是这个强大的人和这匹强大的马能了解彼此。”这并不是说总统骑阿拉曼的近十年没有侥幸脱险的情况，但是里根沉着冷静、热爱运动，加上他爱挑战，这已经不止一次救他于险境。无须言辞，他就能在压力下变得镇静，坚定，让人安心，精力集中，同时还身手矫健。这个技能是每个喜欢骑精力充沛的骏马的人通过经历想要获得的——或者毕生想到达到的。

如果里根只是想放松，他本不会选上阿拉曼的。总统在这种关系中得到的，虽然说不出具体是什么，但是肯定异常重要。骑着一匹有风吹草动就会仓皇而逃的马快步踏入沙漠，得到它的信任，在沿途学会合作，里根并不只是为了清醒头脑；他锻炼的那些能力的实用性在国际政治舞台上得到了证明。

诽谤者声称里根这位前演员和电台播音员是个傀儡，是个靠着大量电影和出色的公共演讲技巧上台的江湖骗子，是个被更有才智的地下势力或者邪恶势力控制的政治外行。在他当选时，我还是持怀疑论调的大学生，我愿意相信这些谣言，随时准备仔细挖掘他的任何失足之处——而且对他越来越高的人气感到疑惑。毕竟，里根所说的并没有那么吸引人，这和他的演讲方式无关。但无论是什么原因，在我脑海中都没有合理的解释。至少在我三十二岁买下第一匹马之前，我是没有得到合理解释的。在那之后，我才开始认识到里根在马鞍上学到的东西对他的成功至关重要。

丘吉尔的极限运动

在丘吉尔的一生中，他多次表现出在动荡局势下降低自己的焦虑程度的能力，并用幽默、勇气、智慧和激励的影响代替恐惧的影响——让一群感到恐慌的人有理由冷静下来，并集中注意力。但在丘吉尔的一生中，似乎没有什么能比他早年骑兵生涯更紧张的了。

在 1957 年的《他的王国，他的马》（*His Kingdom for a Horse*）中，怀亚特·布拉辛格姆（Wyatt Blassingame）极为精确地描写了丘吉尔中尉的二十一骑兵团在埃及冲锋时面临的局面。他的马，他称之为“亚伯”的灰色阿拉伯马，之前是一匹马球马——马球是丘吉尔很“擅长的运动，在整场比赛中，小马可以转身向左、向右或者停止，像个芭蕾舞者一样保持平衡”。这些技能在 1898 年德尔维希军队进攻时派上了用场。

当丘吉尔挥剑出鞘，和部队中的其他人一起向敌方冲去时。他忽然意识到最近受伤的肩膀可能没法有效使用这沉重的武器。“在策马狂奔中，”布拉辛格姆惊讶地描述道，“他将宝剑收回鞘中，然后拿出手枪。这要花时间。当他再次看到敌人时，敌人已经在眼前了。身着蓝色袍子或跪倒或蜷伏的德尔维希人，他们在疯狂地射击，烟雾在他们上空缭绕。”在前线后面，丘吉尔很快发现在干涸的河床上有一支数千人的可怕的武装部队。他一边躲避子弹一边穿过一群跪倒的步枪手，在河床边上勉强勒住马。“亚伯打滑了，然后悄悄地陷入恐慌中。如果丘吉尔在那儿失足或者在那儿坠马，无数的刀剑和长矛会扎到他的身上。一旦下马他就再无任何机会，但是亚伯稳住阵脚，继续向前奔跑。它冲破剑士的重重包围，一跃而起，跳到河床安全的对岸。”

骑手和马跌跌撞撞地冲过了哈里发勇敢而又疯狂的军队的第二波攻势，丘吉尔看到一个德尔维希人扑倒在地。当时，丘吉尔认为这个士兵被击中了。然后，就在亚伯向前冲时，丘吉尔意识到那个士兵打算扎马腿，以便让他摔下马来。“数秒之内，亚伯像在赛场上一样转身，打算砍向马腿的剑失去了准头。丘吉尔俯身，给了那个人两枪。他还没来得及坐好，就又看到一个德尔维希人在他面前举起了剑，但是这匹灰马迅速转身，真是好险，丘吉尔开枪时，手枪都碰到那个人的脸了。”

并非所有的轻骑兵都有这样的技能和运气。进攻在几分钟之后结束了，那时他们已经损失了四分之一的兵力。在德尔维希剩下的士兵崩溃逃窜之时，近万名德尔维希士兵已经阵亡或者受伤。当尘埃落定，两万英国和埃及士兵战胜了哈里发的六万大军。

在年轻时经过了这种极端的“自然选择”，难怪丘吉尔在接下来的斗争中能集中精力，足智多谋。如布拉辛格姆在惊险的叙述中最后强调的“没有丘吉尔的领导，第二次世界大战的结果可能完全不同”。

从这场关键战役中幸存，丘吉尔中尉不仅为自己赢得了养育后代的能力，而且也展示了领导者的必备技能：在一场骑兵进攻中，他在骚乱中保持了镇静，有可以协调大量感觉信息的能力，瞬间读取他人非语言意图的精确性，还有——当你的生存取决于稳稳地坐在一匹冲锋、减速、转身、跳跃的马球马变成的战马时，这是至关重要的——这是可以和战友保持协调一致的高级才能。

第三章　铁汉柔情——华盛顿

【编者按】

华盛顿成为美国的开国总统绝非偶然。

若无非凡的领导才能和卓越的智慧勇气，是无法成为一个伟大国家的开国元勋的。和普通的领导者不同，华盛顿身上具备双重的特质——一方面临危不惧、威严镇定，一方面极富同情与人道主义精神。

这种刚柔并济的特质是华盛顿最大的特点，也使他成为领导者的杰出楷模！

美国之魂

2009 年末，当我认真研究华盛顿的生涯时，这个他为之奋斗了那么久、奋斗得那么辛苦的国家正在华尔街的背叛、史无前例的高失业率、专家制造的恐慌中苦苦挣扎，两党之间甚至两党内部都出现了严重分歧。对医保法案感到恐慌愤怒的人们焚烧了总统的肖像以泄愤，高喊着种族主义的咒骂，哀叹文明的终结。在这个问题上，正反两方面红耳赤的强硬狂热者威胁道：如果他们的要求得不到满足，他们将移民到加拿大或哥斯达黎加。和其他中间派一样，我很讨厌那些贪婪者、自大者、不负责任者、操纵者和极端主义者以爱国主义的名义横行霸道。

然后，当乔治·华盛顿登上那匹强大的战马，这个人一生中鲜为人知的事实吸引了我的注意力，这不仅鼓舞了我对领导力的研究，也让我恢复了对美国最初远见的理智的信心。有那么一段时间，我都洋溢着真诚和狂热的爱国主义感情。我的朋友和家人都会睁大眼睛看着我，身子后仰，看着门口。“我们被教育制度欺骗了，”我说，“我们幼稚但却一片好心的老师教我们记忆日期、人名和肤浅的事实，他们本可以教我们华盛顿是如何成为强大的领导者和自由社会的公民的。在华盛顿所表现出的力量成为普遍现象而不是例外之前，真正的民主是无法繁荣的，不仅政治家，整个社会都要得到这种力量。”

然后，我可能会大喊，拍打着起居室的桌子：“这样宏伟但却必要的目标无法只通过崇尚语言的教育来实现！”

然后，我冷静了许多，但我仍然相信我在追求的重要信息。当我的高中历史老师设计冷静客观的多项选择题——题目包含时间如 1776 年、人名如本尼迪克特·阿诺德（Benedict Arnold）①、事件如波士顿倾茶事件——时，那些关于乔治·华盛顿真正天才的事实正在默默无闻中饱受煎熬。这些信息是一个路线图，能让你成为更勇敢、适应性更强、见解更深刻的领导者。我能理解他经历的苦难、犯过的错误、承受的背叛，他如何克服这些挑战却没有失去本心和灵魂。我可以瞥见正直和移情平衡之下的魅力。最重要的是，我可能会理解远见领导力要求应对风险管理的才能远比热情、理想和天赋更复杂也更神秘。那些承担着改变社会责任的创新者必须同时具备坚定不移和灵活应变的素质，并表现出高超的可以传播的耐性，同时理性地参与到鲜为人知、主要是非语言艺术的恐惧管理过程中。

---

① 美国独立战争时期革命家和军事家，后叛国。他的名字在美国成了叛徒的代名词。

临危不惧的气场

1777 年冬天，乔治·华盛顿不知用何种方式激励了一群衣衫褴褛的士兵，不仅让他们坚持留在特伦顿参加第二场战役，还取得了胜利。来自罗德岛的名叫约翰·霍兰德的二等兵从那场战役中幸存，并讲了这个故事。在一份战役发生五十四年后出版的报告中，他需要努力才能回忆起将军说了什么，但他永远无法忘记将军身上散发的勇气。

“康沃利斯侯爵正从普林斯顿挺近，号称率领着一万大军来攻击我军驻地，”霍兰德在报告中说，而估计那时“美国所有的军队才四千人”，这还不是最糟的。在其他很多方面，他们这边都不具有优势，真的很令人泄气。“如果有人怀疑这些，”他强调说，“他们一定是不了解我们的状态。当时我们人少、饥寒交迫、虚弱不堪、筋疲力尽，手中的枪是用鸟枪改的，其中一半都不带刺刀。美国政府灰心丧气，而且没钱，他们没派任何援军，也没派新兵来支援这一小撮人。”

在英国士兵及其勇猛的盟友赫斯佣兵①从普林斯顿要塞向新泽西特伦顿挺近时，霍兰德所在的千人部队奉命通过大胆的攻击、撤退和埋伏拖延敌人渡过阿桑枰克溪的速度。“桥很窄，”他回忆道，“我所在的排在过桥时挤成了一团，后面的敌人正在竭力进攻。”正是在这种十足的混乱和绝望中，霍兰德感受到一股异常强大的力量正在激烈的战斗中暗暗生长，那是坚忍不拔、浴火重生的敬畏之心。“华盛顿将军的战马昂首挺胸地站在桥边，将军坚定、镇静、威严的仪表在紧要关头激发了大家的信心。在过桥铁路的这一边，我很幸运地靠近西边的铁轨，在到桥对面的时候，我刚好和将军的马肩并肩，甚至都能碰到将军的靴子。将军和战马像山一般稳重，看起来他们都不会擅离职守。”

华盛顿本身并没有造成这么大的改变，而是战马表现出的奉献和镇静激励了年轻的霍兰德，让他有了同样的感受。为了了解对华盛顿来说，找到并训练出这么一匹可以忍受这种场面的马是多么伟大的成就，你就得先了解战场上的声音有多么恐怖。数千年来，战士们用刀剑、长矛和弓箭作战，美国独立战争中到处都是步枪开火和炮弹爆炸的声音，还有其他声音。“马在战场上嘶鸣。”历史学家詹姆斯·帕里什·郝吉斯（James Parrish Hodges）在一次讨论到华盛顿领导能力的访谈中这么说道。骑着一匹被掠夺动物、一种食草动物、一个在任何时候闻到血腥味都会想逃跑而不是战斗的物种——更别提混乱的喧嚣和十足的痛苦

① 18世纪的德国籍雇佣兵，曾受大英帝国雇佣，参加了数场战争，其中以美国独立战争最为知名。

了——这都在挑战马的生理本能。只有将军的坐骑是一台机器，编好了求生的程序，有着无法超越的本能，这种行为才有可能出现。幸运的是，华盛顿不相信这是真的，否则他就不可能驾驭两匹值得信赖的马历经整个战争，在无数次面对强敌，在无论对人还是对马来说，获胜的概率非常小的时候打赢了战争。

“那是个奇迹，”郝吉斯谈到殖民地的胜利时说，“华盛顿对士兵的信任要远远超过了士兵对自己的信任。”如果他没有激发战马的类似英雄主义的行为，他或许不可能赢得第一场战争。毕竟二十年前，在约书亚·弗莱（Joshua Fly）坠马身亡后华盛顿才升任上校。

不言自威

虽然目击者关于华盛顿高超的骑马技术的简述都是老生常谈，但过去和现在的历史学家都没能注意到华盛顿是大西洋两岸最好的骑手这一优秀品质的重要性。托马斯·杰斐逊曾称他为“他是那个时代最好的骑手，而且是马背上最优雅的生灵”。但那时很少有政治家和作家了解骑术的重要性，所以没有人认识到将军在那个领域的天赋。仅有的只言片语来自法国贵族、军官和哲学家夏斯特吕（Chastellux）。他在战争中担任华盛顿和法国军队的联络官，并帮助美国军队在 1781 年的约克镇战役中击败英军。五年后，夏斯特吕勋爵出版了关于美国独立战争的回忆录，其中包括他之后去新成立的美国的旅行日记。得益于他高超的文学天赋和敏锐的观察技巧，他对华盛顿作为美国领袖的行为做了真实深刻的描述，他的描写目前仍被认为是最生动的。在战后去弗农山庄[①]的访

① 弗农山庄是华盛顿故居。

问让他更深刻地理解这位昔日的战友。

华盛顿的生活和人格有两个关键方面，让人们很难深刻地了解他，更别提如实地描述他了：相比日常闲聊，他更喜欢安静；无论是工作还是休闲，他都会花大把时间待在马鞍上。作为一个技艺精湛的骑手，夏斯特吕勋爵可以轻易做到其他人难以做到的事情——和独立战争的英雄一起骑马，而且骑的是华盛顿精心训练的马，这些经历令人难忘。

"天气很好，"夏斯特吕侯爵写道，"和将军共进晚餐之后，我骑到马背上，他很体贴地把我送到目的地，并把他骑的马让给我。那是我已经极力赞扬过的一匹马了，我发现这匹马不仅英俊潇洒而且极其优秀，但最重要的是爆发力强、训练有素、听使唤、容易驾驭，可以在疾驰中迅速停下，不受任何影响。我提到这些特别的细节是因为将军的马都是自己驯出来的。他也是技艺精湛、大胆的骑手。他会纵马跳过最高的栅栏，来去飞快，不用踩马镫、不用缰绳就可以让马改变方向，即便这样也不会让马脱缰疯跑。"

华盛顿不可能用虐待的方式训练出这么优秀的马。他教马用最优雅和最灵敏的方式"带着他"。将军骑马时用很轻但是很有说服力的方式抚摸那匹马，让马感到自己是一个敏捷、体贴的伙伴，而不是毫无联系的机器般的运输工具。这给经常参观欧洲皇室的马厩的夏斯特吕勋爵留下深刻的印象。

除了对养马、赛马、猎狐（一项竞技马术运动，包括在乡间赛马和与一群猎狗跳过栅栏）有浓厚的兴趣之外，华盛顿在弗农山庄的战后和总统“退休”后例行事务还包括日出而作，而且是真的要叫醒那些工人。在对各种农场任务和修理工作做出精细的指示之后，他会在七点吃一份清淡的早餐。之后的六个小时，他都会待在马鞍上。在《将军阁下：乔治·华盛顿》（*His Excellency*：*George Washington*）一书中，约瑟夫·J. 埃利斯（Joseph J. Ellis）描写了他骑马环视农场的场景：“命令手下人把排水沟挖宽；查看他最近要求建造的酿酒室的进展情况；警告偷猎者山庄里的鹿都已经驯化了，不能猎取了；询问一个被狗咬伤的室内奴隶情况如何。”

历史学家迟迟没能提及他的日常作息（毫无疑问，这是因为华盛顿本身就没怎么谈到这个问题），这关系到他在什么时候训练这些马，又是如何训练这些马，哪些马在经年的精心训练之后能达到夏斯特吕勋爵描述的程度。更不要说表现出华盛顿最喜欢的坐骑所具备的战火中的勇气了。华盛顿把生命都交给了这些马，它们也用很多微妙但非比寻常的方式证明了自己值得他的信任。每天下午两点，当华盛顿回到府邸时，埃利斯描述道：“没人需要牵马回房。华盛顿简单地在马背上一拍，马就自己回到马房里去了（马和人一样，它们看起来都认可华盛顿的权威）。”

这种权威很大程度上要归因于华盛顿把领导者这一角色本能地理解为教育家而不是独裁者。他培养的信任、勇气和奉献几乎和他拥有的品质一样。他没写一本驯马的书真是非常遗憾。这种艺术形式几乎都是非语言的，这可能是他在每天结束时的简短日志中没有做出相关记录的原因。华盛顿忙于在弗农山庄建造一个农业帝国，参加美国独立战争还有讨论美国第一任总统的职权范围，但他在这些领域的成功无疑都和他对人马关系的出色把握有关。后来，在托马斯·杰斐逊成为华盛顿政敌时，杰斐逊抱怨这位马背上政界元老的形象深入人心，似乎胜过了对手的最雄辩的演讲和辩论。不着一词，他已经表达出自己的高贵，表现出自己的力量。

没人和他争辩。并非他不懂倾听——埃利斯把他的领导风格的关键因素描述为“通过倾听来领导（leading by listening）”。他可以花数小时甚至数日听人们讲述自己的工作，这有时为他那些年轻更注重行动的随从所懊恼。但是，一旦他考虑了各种选择就会得出有力的结论。他可以用骑着一千两百磅重的战马，率领一千名衣衫褴褛的战士进入血战时表现出的镇静、勇气、活力和坚定，轻松地说服身边的一群人。

这让崇尚智力的如杰斐逊和詹姆斯·麦迪逊（James Madison）等理想主义者很是沮丧。华盛顿的演讲并不多的事实让他们更抓狂。如埃利斯所述：“他有一种近乎超自然的能力。其他人在压力下都变得局促不安，用谈话取代安静，他却依然安静。”［约翰·亚当斯（John Adams）后来声称“安静的天赋”是华盛顿最大的政治财产，这让缺乏这种天赋的亚当斯很是嫉妒。］

华盛顿的影响对那些缺少常识的人来说，永远都是一个谜。那些人只会坐在椅子上辩论，而他们的同僚“先于战事，首为平宁[①]”，骑马开拓了那些细致入微的、完全是非语言但又至关重要的“另外的 90% 潜能”。

① 这是亨利·李将军对华盛顿的评价。全文为：First in war，first in peace，and first in the hearts of his countrymen.

移情的天赋和平等的精神

随着文明进入理性时代，认为动物有感觉的看法已经逐渐减少了，承认动物有感觉甚至成了禁忌，更别提把动物当作伙伴、同事或是认为动物可以影响人类的领导潜能了。因而华盛顿把感觉和思想都隐藏起来，直到有一天他准备好要做关于一些有争议的话题的官方声明，然后你就会开始明白为什么很少有关于他和最忠诚、最值得尊敬的马"老纳尔逊（Old Nelson）"和"蓝色皮肤（Blueskin）"的描述。当时，大多数的马都得不到临终关怀。华盛顿的坐骑在退休之后都被精心照料的事实说明了我们首任总统是如何看待这些四条腿的战马的。

1795 年，一个名叫约翰·亨特的英国人参观了弗农山庄。他在随后写给朋友的信中不经意间写下生动的描述：

晚餐结束后，我们参观了将军的马厩，看到了那些威风凛凛的战马。其中有"老纳尔逊"，它现在已经二十二岁了，在战场上基本就是它载着华盛顿。旁边的另一匹良马“蓝色皮肤”也有这样光辉的历史。它们在那个时代听过无数大炮轰鸣。“蓝色皮肤”因为不耐火所以不如值得尊敬的“老纳尔逊”那样受宠爱。华盛顿现在不会再骑它们了。因为过去的贡献，它们被养在很好的马厩里，按时喂养，无拘无束。

这简单一瞥阐明了华盛顿哲学的微妙而重要的元素。在他成熟后，随着他对跨文化、种族和物种的贡献的同情及欣赏的不断扩大和日益加深，他巨大的影响力、勇气、忍耐力和动机也在加强。在华盛顿的世界中，尊重各物种的智慧远胜过遵从社会规范和历史先例，表现出了一种移情作用，可以在意想不到的地方感受并发掘自己的潜力。如果不仅考虑利益还考虑性格，那么我们短期收益会越来越服从长期目标。华盛顿积极示范了自由世界的成员应该如何对待同事和下属，即便那些目前是自己的敌人或是自己的财产。

虽然多数士兵和农民认为开枪打死一匹患有关节炎的马不仅人道，而且节约成本，但是华盛顿在战场上幸存取决于能否挑选出最合适的战马，自身是否足够勇敢，是万里挑一的可以和华盛顿相媲美的宝马。把他将来的坐骑当作可以随意更换、可以随意使用和丢弃的机器的行为对华盛顿来说会是非常致命的。

同时，华盛顿对那些成为他的士兵的黑人奴隶、“印第安野蛮人”、未受过教育的、贫困潦倒的移民一视同仁。无论种族、信仰和社会地位，那些展现出真实、正直、勇气和奉献的人都因自己的天赋和经验被分配到合适的岗位。华盛顿的男仆，一位名叫比利·李（Billy Lee）的奴隶，在那场蒙茅斯县府战役中承担了指挥所有的仆人的职责。在战争发生时，他在马背上指挥仆人转移到安全的地方。作为一名杰出的骑手，李在平时猎狐时也负责给华盛顿管理猎犬。华盛顿的继孙乔治·华盛顿·帕克·柯蒂斯撰写的回忆录中这样描写李了不起的技能：“猎犬管理人威尔，也就是在美国独立战争的故事中更出名的比利，骑着一匹惊人地擅长跳跃的马。那匹马非常像它的骑手：低调、坚定、骨骼强壮、肌肉有力。威尔只有一个任务，那就是管好所有的猎犬；然后就是乘上那匹马……这位无惧的骑手会全速猛冲，穿过草丛和纵横交错的灌丛。那种气势能把现在的骑手都吓呆。”

李在八年的战争中忠心耿耿地跟随着华盛顿，在枪林弹雨中随时准备给华盛顿一匹备用马或者望远镜。他跟随华盛顿面对每一次严重威胁；经历了福吉谷难以想象的苦难；品尝了胜利的喜悦，包括最终获得自由。美国独立战争的老兵在参观弗农山庄时经常做短暂停留，和李一起追忆往事。李在后来因为膝盖严重受伤不得不拄拐。虽然这个精力充沛而且健壮的人用酗酒来平复身体和情绪的伤痛，但他的贡献没有被遗忘。华盛顿在遗嘱中为他提供了每年三十美元的养老金，而且如果他愿意，可以留在弗农山庄。比利·李在郁郁葱葱的庄园里以自由人的身份度过了余生。

然而，华盛顿对人类尊严和潜能的广阔视角并没有弱化他要完成工作的决心，那些想通过参战获取好名声的纨绔子弟得到几个证明自己能力的机会——如果他们表现出欠缺这种能力，华盛顿就会毫不客气地免除他们的职务。当然，这在一时之间把华盛顿推上了风口浪尖，让他在上层社会中失去了相当大的声望。他对在蒙茅斯县府战役后开除查尔斯·李将军（查尔斯·李有朋友在上流社会，而且查尔斯越来越相信自己是不可替代的）没有感到丝毫不安。查尔斯的一些不服从的行为导致他最终被军事法庭审判——华盛顿坚持要召开军事法庭也给他自己带来了不少麻烦。但华盛顿仍然以创造奇迹的精神设法招募并训练了一些多种族、多文化的军事力量。早在他上任之前，美国第一任总统就在日常生活中展示了平等的实际作用。要是他没有这么先进的平等思想，他能不能打赢独立战争还很难说。

人道主义

华盛顿在战争时表现出了奇迹般的壮举，能幸免于难肯定是其中之一（考虑到他经常奋不顾身地投入到枪林弹雨中，更别提他引领的是一场貌似大势已去的事业）。尽管如此，他那出色的激励他人超越那些貌似合理而根深蒂固的人类冲动的能力，才成为他最伟大的成就。为了镇压任何的叛乱，英军士兵曾有计划地扫荡整个国家，让他们队伍中更残暴的人有机会展现自己最黑暗的本能。然而，乔治国王对美国军队“不留活口”的法令也让很多英军难以忍受：不管是正规军还是雇佣兵，只要表现出对投降的美国军队同情都会被严厉惩罚。结果就是很多殖民地士兵被就地正法，其中一些可能被送上监狱船饱受折磨、冻馁和虐待。

所以，华盛顿的士兵在机会来临时有十足的理由要求复仇，但是随着一场重要的胜利而来的是意外的不允许复仇的要求。华盛顿不仅饶恕了在特伦顿战役中俘获的千名赫斯佣兵，他还承诺那些人新的生活。“人道地对待他们，”他在写给手下的命令中说，“让他们无从抱怨我们模仿英军士兵残酷对待我们不幸的同胞的行为……在路上，尽可能给他们提供必需的东西。”

通过这些非凡而且前所未有的举动，华盛顿给手下传达了强大的自我控制力和同情心。如詹姆斯·帕里什·郝吉斯在《樱桃树之外：乔治·华盛顿的领导智慧》（*Beyond the Cherry Tree：The Leadership Wisdom of George Washington*）中描述，他的理由既实用又富有理想色彩。通过采用约翰·亚当斯后来称之为的“人道政策”，华盛顿是在保护自己的士兵，希望英军在未来的谈判中回报自己的好意，可以用尊贵的军官换回殖民地的士兵。他也正确地预估到一些赫斯佣兵会抛弃他们严酷的雇主，投身于北美独立事业中。为了鼓励他们加入，华盛顿还“带领战俘参观了宾夕法尼亚的德国村，让他们看到自己的同胞生活得多么富足”。随着时间的推移，国会终于认识到尊重战俘不仅具有战略优势，而且还宣扬了美国独立战争的目标。

“我们为普通人的权利而战。”郝吉斯强调说。在英军坚持不留活口的时候，华盛顿展示了自己的宽恕，这在世界上树立了典范，展示了新的梦想和生存的新方式。这种完美体验深刻地影响了第一批战俘。郝吉斯描述道：“大约40%的赫斯战俘决定留下或者回到德国，探望家庭之后再回来。”结果就是，华盛顿雄辩的行动展示了亚伯拉罕·林肯后来雄辩的言辞：“当我化敌为友时，我就已经击溃了对手。（原文为：I destroy my enemies when I make them my friends.）”

英军领导者最终承认他们制度化的残忍有负面影响。1778年，查尔斯·斯图亚特上校写给父亲布特伯爵："无论我们军队到达什么地方，在什么地方扎营，每一个野蛮的物种都被处死。我们在所到之处都播下仇恨的种子，这无法用时间，也无法用任何方法消除。"

2005年，小罗伯特·F. 肯尼迪（Robert F. Kennedy Jr.）在《洛杉矶时报》的社论中写道："最后，我们的开国元勋不仅保护了我们国家的价值观，他们也打败了军事上占优的敌人。的确，正是他们严格遵从这些价值观才帮助他们打败了欧洲最强的士兵。"

和这自豪的美国传统一致的是，林肯总统在1863年制订了第一条正式的行为准则，要求以人道主义的方式对待战俘。林肯的法令禁止任何形式的酷刑和虐待，这也成为1929年日内瓦公约的范本。德怀特·艾森豪威尔做到了这点，保证以示范性待遇对待二战中的德国战俘。道格拉斯·麦克阿瑟要求美军在朝鲜战争中严格遵守日内瓦公约，虽然美国并未签署书面命令。在越南战争中，虽然法律并未严格要求，但美国还是把日内瓦公约的保护对象扩大到越共战俘。

20世纪，肯尼迪不得不写文章反对酷刑的事实也说明旧的恶习很容易复萌。如果美国士兵对恐怖分子嫌疑人使用水刑和羞辱赤裸的伊拉克战俘会让华盛顿难过，那么近年来企业的贪婪行为将会彻底激怒这位传奇人物。毕竟，华盛顿是自愿参加整个独立战争的——我是说在八年的战争中，他在马背上冒着枪林弹雨的行为没给他挣得一丝一毫，他还要恳请国会拨款，让手下士兵有饭吃，有衣服穿——这样，你就开始理解为什么从中获益最多的企业家和政治家很少尊他为榜样。

奇怪的是，也就是在这里，华盛顿漫长而多样的生涯提供了另一个革命性的范例。这个例子希望人们能积极地改变自己的行为，不管他们的好斗性格和过去犯下的惊人罪过。从这方面来说，他的马可能在非掠夺式力量有悖常理的好处中给他提供了终极的非语言教育。

成熟的领导力

虽然控制和攻击行为是根深蒂固的习惯，但这并非不可改变。灵长类动物学家发现了更不为人知的猩猩物种，小黑猩猩和大猩猩一样是人类的近亲。但是小黑猩猩更倾向于使用合作和和解的行为：雌性小黑猩猩一般都站出来用温柔、和平的姿态欢迎潜在的竞争对手，而且经常在雄性小黑猩猩将要爆发事端时插手。动物学家弗朗斯·德·瓦尔（Frans de Waal）称之为“最亲切者生存”。

就算是以强烈的攻击行为著称的狒狒，看起来缺少控制的基因，更多地表现为狒狒的因袭传统。在肯尼亚，臭名昭著的满怀敌意的“大哥大”种族一如既往地声称先到先得。这次是一包垃圾，它们迅速因食用腐肉而相继死去。幸存下来的低级的雄性、雌性和小狒狒随后经《纽约时报》科普作家娜塔莉·安吉尔（Natalie Angier）称为的“文化走向和平主义，缓和了通常很危险的狒狒层级结构。这些幸存下来的成员乐意用感情和相互梳理毛发，而不是威胁、猛打和撕咬对待彼此”。这种改变已经持续了二十年。即使新的雄性加入这个种族，它也要遵守这个温和的狒狒亚文化中不成文规定。

在马克·伊恩·巴拉希（Marc Ian Barasch）的《同情生活的野外笔记》（*Field Notes on the Compassionate Life*）中，作者与德·瓦尔等科学家一起推测：“小黑猩猩是前人类模型，而不是大猩猩。大猩猩这种嗜杀的物种永远不可能走上这个轨道。科学家假设我们灵长类是会遗传的——我们对本性的最新假设——可能强调性别平等、家庭联系以及和平解决问题的方式，而不是雄性控制的等级结构和赤裸裸的攻击行为。”

但是科学本身可能会经历焦躁不安的不成熟阶段，紧紧抓住在自然界中找到的实例，证明自己文化中征服、竞争和控制地球上的其他生物的合理性。因为骑术最初在终极控制策略——战争——中得到优化，骑手也会不时地被同样的偏见困扰。在战争中，没有人能例外。每个战士和他的坐骑必须无视恐惧、恐怖、悲痛和同情，以服务于坚定的领导者，而这些领导者可能会——或者更可能不会——考虑每个人的最佳利益。

经过数个世纪的肆意破坏、牟取暴利、奴隶制度和种族灭绝，乔治·华盛顿出现了。他历经战斗却不失敏感，将伟大的激情、力量、雄心、勇猛和自我克制、适应、沉着和移情结合起来。“用心感受每个人的苦难和悲痛。”他如是说。

这就是真正的勇气。这就是成熟的领导力。

这就是进化。

第二部分:
社交智慧

第四章　阴阳平衡

【编者按】

长久以来，我们总是在歌颂、追寻着美好与光明，而一再地唾弃、忽视着丑恶与黑暗。

这让我们走的道路越来越狭窄、人格也变得越来越偏执。

我们不仅要意识到，丑恶与黑暗不可避免地存在着，而且它们对于推动变革与发展有着出乎意料的重要作用。

如果我们能学会接纳与包容，并尝试着去平衡“阴”与“阳”的辩证关系，或许我们可以走得更长远。

巧妙的“对立”

人的精神是个动态的生态系统。如果没有日夜、阳光雨雪、掠夺和被掠夺、文化和自然的平衡，原本支持生命的环境就会变成沙漠、沙尘暴、世界末日般核爆之后的荒芜和异化的梦魇。在象征上，日光代表着自觉意识：我们能看到，能叫出名字，做出预测，进行控制的东西。“其他 90％的潜能”的大部分都是潜意识或无意识的，在夜间悄悄地行动，拒绝充分说明和驯化。但是人们并不是因为喜爱日光而回避黑夜。人类行为的怪癖迫使每一代人以种种狡诈隐秘的方式再次体验亚当夏娃的堕落。

科学家和无神论者也无法不受影响。实用的现代思想倾向于赞美“光明”的事物——那些有逻辑、被社会接受、有利可图或是可控制的东西。每个人当前世界观之外的东西都隐藏在黑暗中——不仅仅是不可知、不可靠，而且还是被诅咒的，这包括各种形式的感觉。如果你是狂热的宗教人士，你可能会敬畏信仰，服从一个既定的神学教义，同时不信任理性、直觉和感觉。与之相反，如果你是遗传研究员，你就会更崇尚理性和既定的科学原理，而忽视信仰、感觉和直觉。无论如何，非语言洞察力的重要形式都被忽视，至今仍然极不发达。家庭、部落、宗教和政治组织加强了这种自我限制的趋势，让社会成员接受特定的静态判断，让人对放弃自己的想法沾沾自喜，积极地驱逐、威胁甚至杀害那些从不同角度看问题的人。

难怪人到中年多会渴求一些难以名状的东西，同时又感到害怕和内疚。我们是在沙漠定居者的文化中长大的：痴迷、害怕雨水的太阳崇拜者将巨大的照明灯照向星星以驱走黑夜。那些神秘的滋养情绪、移情、本能、艺术和神话的洞察力、直觉和互为主体意识的乐土都在很多学校和职业中消失了。这一情况在信息时代变得更糟。你会如何量化爱情，如何说出你最深刻、最隐晦的梦想？

对那些不太热衷宗教的人来说，亚当和夏娃的堕落看起来像是离奇的民间传说，但这的确是一个绝妙的教学故事，一个对人类共同缺陷敏锐、细致入微的评价：对善恶意识的过早习得。你可能会记起第一个男人和女人偷食禁果，然后就被驱逐出伊甸园。但是关于为什么仁慈的上帝会在花园里留那么一棵令人不安的树的争论经常被忽视一种可能性，这棵树可能是有将来的用处：苹果会成熟，人的本性也是如此。

刚被创造出来的亚当夏娃还是单纯的。他们只是没有看透灵活、包罗万象的智慧的总体规划。在他们原始、不发达的意识中，父母要他们远离那棵诱惑的树的教导是非常严肃且专制的。像几个五岁的孩子一样，没有控制的冲动，他们品尝了善恶观念的苦涩知识，导致了人类独有的用正确和错误、有用和没用、有福还是有罪的标准评价一切事物的后果。

当然，他们找到了替罪羊。亚当抱怨夏娃诱惑他违背了上帝的旨意。夏娃成了声称“是魔鬼诱惑我这么做的”的第一人。在被驱逐出伊甸园之后，潮水般的恐惧和羞耻包裹着这对震惊、过度兴奋的小生灵，让他们的后代以混乱、无可救药的二元对立和危险且受限的世界观来面对这一神圣的礼物——判断。

在历史上各种文化中，很多人相互加强了这种为了光明否定整体的趋势，忘记了上帝并不是太阳，而是那个发明了白天和黑夜、声音和寂静、有形和无形、自由和克制、男性和女性、天堂和地狱等一些对立的事情的人。爱冒险的灵魂有时会陷入黑暗，越来越把过度享乐、危险或彻头彻尾的犯罪行为作为叛逆的表达方式，但是他们再一次在试图达到均衡的尝试中失败了——而且经常寻找替罪羊（社会、父母、婚变、毒品和酒精）来为自己破坏性的短视行为正名。只有通过把光明和黑暗、精神和物质、语言和非语言意识、掠夺和被掠夺力量结合起来，我们才能实现自己真正的潜能。

在这里，我没有提出任何新内容。关于心理学、神话、艺术、宗教和符号论的数千本书已经探讨了如何研究精神的部分内容，虽然回避了逻辑和语言，但是仍然证明了这对心理和情绪健康的重要性。我发现了一个很少为人所知的，关于最理想的心理功能的方面，这一方面曾再三得到我们的关注，有时以非常戏剧的方式——然后被迅速忽视——至少在过去的两百五十年是如此。我谈的是掠夺者和被掠夺者之间内在的救赎关系。具体来说，非掠夺智慧的培养对人类的进化至关重要且不可或缺。

以柔克刚

我认为如果我没有在20世纪90年代早期研究马术技巧，我就不会抓住掠夺、被掠夺动态的重要性。在那时，一小群西方牛仔积极地反抗这种体系，用对马的视角的移情和尊重代替传统的粗暴骑马和无鞍驯马方法。通过日渐流行的书、视频和公共展览，比尔和汤姆·多兰斯（Bill and Tom Dorrance）、雷·亨特（Ray Hunt）、巴克·布拉纳曼（Buck Brannaman）、派特·佩雷利（Pat Parelli）和蒙蒂·罗伯茨（Monty Roberts）成为众所周知的“自然马术”运动的创始人，影响了大西洋两岸的新生代驯马师。

不考虑这些人创造的独特方法，他们所共享的关键原则包含了一个观念：人类是掠夺者，马是被掠夺动物。当人们不经意用掠夺的方式对待那些遇到豹子和狼群注定会逃跑的动物时，问题就出现了。单单是我们凝视的眼神就会让它们感到不安。马的眼睛分布在头的两侧，着重广泛的视野；而人类的眼睛和狮子的一样，是直视向前的，更专注于目标，这最初是用于跟踪的。一些驯马师也坚持认为，对马来说，我们一直在它们身后活动，准备好用手来攻击。我们的气味也像我们食用的东西：肉。

在20世纪70年代，当我调查素食主义者的时候，我读了一些书，研究者就某些课题得到了结论。他们说，生理学证明人类并不合适食肉。因为我们没有尖牙，而且我们的指甲连纸都划不破，更别说划破肉了。我们长着食草动物的牙齿和消化系统，却为自己做牛排，并切成合适的小块。甚至有些人因为食肉导致得了结肠癌。

关于这一事情的简单事实是我们是杂食动物，具有掠夺者和被掠夺者的双重特征。于是，我们都有化身博士（Dr. Jekyll and Mr. Hyde）[①]的时刻，竭力在截然相反的情况下实现平衡。问题在于我们在征服者的环境中成长，在这个环境中掠夺者的行为在学校和商业中得到加强。那些拒绝爬向社会顶端的人都没有认识到截然不同的选择，因为“被掠夺者的智慧”正是在他们中产生的。有些人接受受害者的角色仅仅是因为他们无法忍受自己成为暴君。

在顺从和攻击的中间地带，马可以教会我们太多的东西。它们不是怯懦的弱者，并非生来只会惊慌逃窜。成熟的马会严重击伤甚至杀死一只狮子。它们在无数血腥的战场中服役；有些马因非比寻常的勇敢而得到奖章。然而，在心理学上来说，马注定是要在感觉上超越、猜透，在

---

① 《化身博士》是罗伯特·路易斯·史蒂文森的名作，因书中人物杰克和海德善恶截然不同的性格让人印象深刻，后来“Jekyll and Hyde”一词成为心理学双重人格的代称。

智力上战胜掠夺者。很多人把马的一些行为误解为愚蠢，实际上那是马的智慧，是马非常成功的躲避技巧。

在和这些动物一起工作的时候，人们发现了掠夺性攻击行为会浪费大量精力，因为一匹马在感到威胁时不会认真学习；它在寻找逃生的方法。任何依赖恐惧和威胁的人会花很多时间阻止马想出的越来越创新的逃生技巧。这种动态创造一种敌对关系，而很多骑手却认为这是合理的。

俄克拉荷马出生的驯马师山姆·鲍威尔（Sam Powell）在《几近耳语》（*Almost a Whisper*）中总结出了主从、力量压迫范式的局限，真实地呈现了他大多数的同事实现自然马术的突破特征时所经历的过程：

我是个可怕的孩子，什么都敢惹。我急躁易怒，经常无缘无故地打架。如果电锯惹我，我也会跟它打。我对学校的任何事情都不感兴趣；我只想成为牛仔。在我二十岁时，我已经是个全职牛仔；这也使得我承担了一些代价，每年都会摔断几根骨头。

在我四十一二岁时，我已经晋升到经理助理，负责巴特莱斯维尔附近一个十二万八千公顷的牧场的马场分部。在那里我失去了对牛仔的激情，但是四十岁的年纪是男人要盘点人生、权衡自己的成功和失败、直面自己的极限、理解自己的死亡和调整自己的态度的时刻。

我摔断过每一根骨头，有些骨头摔断了不止一次。我见到很多牛仔和马因我们的驯马方式不佳而受伤或者终身残疾。我知道对于驯马来说，我已经太老了。但出于好奇和实际需要，我开始思考是不是有个更好的方式。

鲍威尔和其他自然马术的支持者开始公开表达一些激进的东西。他们谈到要把马当作一个生灵对待而不是物体；要和马的精神沟通，而不是控制马的身体。他们建议学习掠夺性动物的心理特点和马的文化。在这些事情上这些人都有发言权，因为他们都在广阔的牧场上和群居的马生活在一起。在那里，有狼和山狮、暴雨和干旱、炎热的夏天和冰冷的冬天，马表现出非常灵活的智慧、协作和领导力。这是被环境束缚的对手——那些骑着它们的过度文明化的人早已忘记的。

这些牛仔都学会了如何与马群和谐相处，一些人有深刻的变革经验，并非他们试图隐藏这些细节，而是因为他们无法将改变人生的视野转化为文字。研究马群文化意味着比传统的人类思想和行为模式走得更远，更深入地研究“另外90%的潜能”的神秘领域。然后，勇敢而有奉献精神的马的学生回来了，眼睛闪耀着光芒，步履中散发着自信，姿态冷静却强大，坚持认为马会教给人类更多东西，而不是人类教给马。

记住分享这些信息所需要的勇气：当“自然马术”这个词在1985年发明出来的时候，这项运动最基本的原则是被认为要遭天谴的。持这种观点的人包括：那些视动物为无物、为上帝赐给人类当作物体使用的原教旨主义者和把动物当作本能且没有情绪的机器的20世纪的主流科学家。但是新想法要试了才知道，一大批职业骑手和业余骑手开始听取这些不同的建议。在越来越多的教学和大型展览中，人们清楚地看到符合马的自然行为的训练技巧比利用恐惧和威吓控制服从的训练更安全、更高效，也更有乐趣。

而且无论这些马语者多成功多么有魅力，他们中最优秀的人都清楚地明白一点：马群本身已经改变了最初的创新者——这些职业的牛仔。他们从开放的牧场归来，心中满是对被掠夺动物的智慧的欣赏。

抱其阳，守其阴

我们经常把掠夺者和被掠夺者的关系比作作恶者和受害者。然而，马却表现出另外一种实现力量的方式，表现出了非掠夺力量的模范：视关系重于领地、过程重于目标、责任高于战略、合作优于竞争、情绪和直觉优于理性。而且，如果情况需要，它们也能集中注意力，变得很自信。它们安静地遵循了中国古代道家的论述“抱其阳，守其阴”，也就是“了解阳刚的方面，但保持阴柔的状态”。2500年前，中国智者老子在《道德经》中如是说道；这一点在中国文化中得到了着重的强调。当我们的文化保持“阳”，不重视甚至贬损“阴”，我们和别人和谐相处的能力就会严重削弱，和自然界和谐相处更是如此。

与此同时，马对胆怯、疲惫和消极进攻之人耐心极为有限。如果你温柔地寻求尊重，却没有坚守立场的决心，它们就会为了好玩随意驱使你。而且随着时间的推移，它们会日益占据控制地位，变得更加危险。马要求力量和敏感的平衡。如果你身上带有太多掠夺者的元素，它们就会逃避。如果你没有表现出足够的坚定，它就会视你为玩物。正如19世纪的驯马师丹尼斯·马格纳（Dennis Magner）观察到的，和马在一起需要“敏感的触觉、女人的感情、鹰的眼神、狮子的勇气和斗牛犬的坚持不懈”。

一种更体贴和更加移情的阳刚力量和正在崛起的阴柔力量的动态作用对19世纪90年代自然马术的迅速成功至关重要。“人类历史上，女性第一次主导了马术行业，”罗伯特·米勒（Robert Miller）和里克·兰姆（Rick Lamb）在《马术革命及其对人类的影响》（*The Revolution in Horsemanship and What It Means to Mankind*）中说道，“那些在运动中身先士卒的临床医学家会告诉你，如果没有观众中的大部分女性，他们的事业不可能顺利进行。”

根据作者所述，这需要“20世纪女性的解放和生活标准的提高”来创造一个业已普遍的女性休闲骑行现象。

如果这对马术行业，对那些推销平头钉、马掌和各种马产品的人来说是意外事件——对马来说则是好事情。为什么？因为大多数女人都是自然养育的，都试图避免斗争行为。她们都比大多数的男人更少有攻击性，她们的姿态、言论、行动更缺少威胁，她们更倾向于使用轻柔的声音来抚慰动物。这些恰好是马回应最强烈的特质。

但是，这些特质对马来说威胁更小，更不容易激起马的斗争情绪。进而使得马对女人更少尊重，更少服从。

作者总结道，“有效沟通需要阳刚特征，也需要阴柔特征”，理想的驯马师“是一个挖掘自己阴柔力量的男人和挖掘阳刚力量的女人”。

然而，自然马术哲学并非仅把“阴”和“阳”统一起来。它把长久以来被忽视的对立面带到公众的视野中，而这对更好地理解力量是很必要的。幸亏有几个头脑开放的牛仔揭示了这个信息。实用、救生、让生命更加充实的被掠夺动物的智慧和《圣经》中描写的在天堂中狮子应躺在绵羊旁边的情景相合。

我们的文明建立在征服的战利品上，这就造成一种情况：狮子变得无情，成为无法阻止的杀戮机器。如今，在生命早期，人类性格中的掠夺一面就吞噬了被掠夺的一面。人们可能会在周日去教堂，坐下听门徒讲述有关于一种更温和的生活方式的故事，而每当周一早晨来临，一只长着丑陋脑袋的疯狂食肉野兽再次被释放。为了改变现状，人类理智必须接受智慧的另一个来源，这个智慧来源足以平衡掠夺者心中的狂野本性。然而，随着现代人更可能会带来大规模核武器和环境破坏，这种被掠夺者的智慧远远超过掠夺者，这使得被掠夺者的形象不再像一只绵羊。但是马可能会作为这个理想的最成熟、最优雅、最强大、最庄严表现的创新吸引野兽的注意力。

当我们做到让掠夺者和被掠夺者优势互补时，狮子就从攻击者变成保护者，从高度灵敏的杀手变成优胜者，帮我们评价感觉的勇气和行动的意愿。一个蕴含狮子和马的智慧的人不会抑制情绪，也不会被情绪所控制。他用自己被掠夺动物的敏锐直觉来觉察同事露齿微笑下所潜藏的攻击行为，然后用他机敏的非掠夺智慧躲避麻烦，使自己不至于参与到食肉动物至死方休的明争暗斗中。他捍卫自己的立场，却从不驱使周围的人。他的行动中蕴含着真正的果断，他不是暴君也不是受害者。他发展出专注的目标导向的思维方式，伴随一个反应灵敏、真心实意、注重过程的头脑，这足以滋养人际关系。

让掠夺本性重新达到平衡对个人来说是一生的挑战，对人类来说则是跨越数代的工程。幸运的是，我们有活生生的马帮我们唤醒被掠夺者的智慧，同时让心中的狮子发挥最大的作用。

领导力的革命

城市生活有显著的优势但也潜藏着一些破坏性的不足。早期文明兴致勃勃地试验，经常检测什么工作正常，什么需要改进，并描绘更加复杂的技术解决方案，然后建造更加叹为观止的建筑、管道设施、食物储存和贸易系统，这些事情没有高水平的社会组织是难以实现的。

事实上，调整无效的思维模式和行为模式被证明比建造金字塔更困难，特别是当世界各地的城市定居者都创造出自己巨大、典型的难题——也就是，极端且幼稚地滥用善恶的知识。为了证明目光短浅的、以多数人的福祉为代价去造福少数的掠夺行为是合理的，统治阶级不仅宣扬自然界是非常严酷的，必须要征服的，还积极地贬损游牧文化，特别是那些宣扬男女平权的文化。让事情更糟的是，君主神话自身——可能刚开始是为了通过震慑－敬畏策略来控制奴隶。但很快，他们开始相信自己的宣传，这让他们更加不乐意承认自己的错误，分析自己的行为。毕竟，这些神一定是完美无缺的。他们的每一个命令都要被无条件服从，他们的每一种行为都彰显了“神”的逻辑，凡人是无法理解的。

实际上，尽管文化多元化，宗教信仰自由，可如果你生活在希腊、罗马、埃及、波斯或者后来欧洲的中心地区，你的信仰体系的隐藏逻辑是这样的：

定居：好、正确、文明	游牧：邪恶、错误、野蛮
掠夺者：强大	被掠夺者：弱小
人类/男性：智慧、理性、道德	自然/女性：无知、感性、非道德

在极度掠夺性的社会，比如公元前的罗马，竞争和征服是如此的根深蒂固，甚至它们都没有社会公认的对立面。从这点出发，认为这个观念弱小、无知、错误甚至邪恶的想法最好忘掉。毕竟，如果我们能叫出名字，至少我们可以讨论，而且随着时间的推移，如果这个观念证明有用，我们就会继续将其培养下去——当所有的国王都已化为尘土，人性就可以自由地考虑那些此前被压迫、不为社会接受或者被长久遗忘的选择。

乔治·华盛顿很少被认可，但他凭借超越这些根深蒂固的对立面的能力做出的创新，令人印象深刻，利用阳刚和阴柔、定居和游牧、掠夺和非掠夺、语言和非语言形式的力量和智慧——如所需的灵动。作为一个感到神灵召唤的高度精神导向的人，他却躲开了宗教富丽堂皇的陷阱。他不但拒绝被神化，还躲开了盛气凌人、自以为是的现代烦恼，这种烦恼和被神化一样，堵塞了清晰的质询和持续的行为修正。天和地、信仰和逻辑、文化和自然、远见和现实、勇猛和同情都在他手边，通过全面发挥人类精神的平衡生态体系的作用帮他赢了一些不可能胜利的战争。

在胜利的关键时刻，他做了前人没有做过的事情，抵制了军事胜利的最终诱惑。英国国王乔治三世被华盛顿拒绝做国王的行为震惊了，说如果华盛顿将军真的实现了自己的承诺，他将是“世界上最伟大的人”。毕竟，如埃利斯在《将军阁下》中指出的，“奥利弗·克伦威尔（Oliver Cromwell）在英国革命后没有抵制住权力的诱惑。在随后的几个世纪，如拿破仑等人也步其后尘，没有将各自的权力遗产让给他人”。

在很多惊人的方面，乔治·华盛顿是改革者中的改革者。两个世纪之后，我们仍然在享受他慷慨托付给未来的自由，这是礼物——也是负担。现在应该重温国父那些清心寡欲、业已消散的画面，学习他树立的榜样。

第五章　非掠夺的智慧

【编者按】

自达尔文的《物种起源》发表以来，“适者生存”的理念已经深入人心。乃至在人类社会中，“弱肉强食”亦成为某些人的人生信条。

可是，只要我们稍加观察人类社会就能发现：无限制的竞争、掠夺会带来发展的瓶颈甚至失败。同样，在自然环境中，一些学会合作和忍耐的动物反而在严酷的环境中生存了下来。“适者生存”的理念并非自然界完整的真相。

为利益而不顾一切的人，只会得到失败的教训，就如同安然公司所经历的一切那样。马告诉我们合作是超越竞争的。

趋于暴力的社会

2011年1月，在一个阳光明媚的周六上午，亚利桑那女议员加布里埃尔·吉福兹（Gabrielle Giffords）在一个选举人的非正式会议上被枪击。十八名无辜的旁观者被一个患有严重精神障碍的枪手枪杀或击伤。

很长时间以来，我一直欣赏这位国会女议员的智慧、勇气和愿意认真倾听反对意见的品质。毫不意外，吉福兹也是女骑手。在遇袭后不久，在美国国家公共电台（NPR）《全面考虑》播出的她短暂的职业生涯概述中，制片人强调，在当地寄宿马棚干活，清理马厩来换骑马课程是她童年最爱的暑假工作。“我从马和照顾马的人中学到很多，”她告诉全国公共广播电台，“那儿有独特的文化，我认为那些铲粪的经历对我后来的政治头脑是很好的训练。”

抛开政治幽默，吉福兹的责任心和适应性、移情、力量、耐心和压力下的镇静和此前提到的骑手领袖的技能相合。这些骑手领袖有勇气承担困难，有着重要社会地位的工作。而且如果有需要，他们也会铤而走险做出改变。

在图森的超市枪击案发生后的混乱的几个小时内，记者疯狂地想要确认吉福兹的伤口是否致命。美国有线电视新闻网（CNN）和卫星电台的声音充斥着整个房间。那一天，我和很多人都感觉到一种震惊、悲伤和愤怒的复杂感情。但不知怎的，外面的马和土地看起来用同情和信任的暗流抚慰了这些激动的情绪，就像大地在用长时间颤动的亚音速和弦向我保证，告诉我这个世界其实并未终结。

吉福兹最终活了下来，在悲剧过后的日子里，当地和国家新闻记者动员无数的博客作者和狂热的电台来讨论我们的社会是否变得更暴力了。支持和反对禁枪的人加入到一个更大范围的讨论中，讨论言论自由、负责任的新闻和政治修辞。随着时间的流逝，愤怒和恐慌开始跑题，基督教电视布道家一起挥舞《启示录》（尽管这不是有意的），通灵者、巫师引述诺查丹玛斯[①]的预言以及对玛雅日历的解释，说地球会在2012年经历某种野蛮的破坏和神圣的重组。

然而，如果你偶然从教堂式思考的视角重新研究人类历史，你可能会像我一样惊讶地发现我们有理由乐观。虽然我们可能永远也无法消除患有心理疾病的人做出孤立的暴力事件，我们却有方法显著减少创伤、

① 法国占星学家和医生，以其预言闻名。1529年起在法国南部从医，1546～1547年因创造性地治愈了瘟疫病人而名声大振。1547年开始预言，1555年将这些预言出版成集，名为《诸世纪》。

恐惧、憎恨、傲慢、羞愧和责备，这些都是处在社会发展中控制一服从阶段的文明具有严重破坏性的副产品。

当我们学着以平等、真实、赋权人的身份共同工作时——并不是把这份雄心勃勃的任务当成是含糊、随意、额外加分的项目，而是通过一个深思、广泛传播的教育运动帮助人类掌握情绪和社交智慧、语言和非语言沟通、领导力和远见的技能，这最终会帮我们以自由人的身份更有效地发挥作用。

掠夺行为：存在及转变

对我们当前制度的批评，经常提及“玻璃天花板”阻碍了女人和少数群体晋升到重要的领导岗位。“我知道依然存在障碍和偏见，这经常是无意识的。”纽约参议员希拉里·克林顿在2008年7月正式退出民主党总统初选时说。她忠实的支持者非常失望，但是他们最终接下她的旗帜，继续昂首阔步地前进，并对她所实现的进步非常感激。“尽管我们无法撼动最高的玻璃天花板，”她说，“多谢你们，我们已经在天花板上打出了无数条缝。”

在希拉里·克林顿的退选演讲后不久，巴拉克·奥巴马就发表了一项声明，称赞对手“英勇而且具有历史意义的运动”帮助女儿和“各地的女性”认识到“梦想没有界限”。他也感谢希拉里·克林顿帮他克服一个类似的障碍，让他成为赢得民主党初选的首个非裔美国人。“民主党和美国因希拉里毕生从事的事业变得更强大，”他说，“因为有幸和她在选举中竞争，我也成了一个更好的候选人。”但是那里有另一个没人注意到的玻璃天花板。这个玻璃天花板如此之高，人们都不知道它的存在。这就是潜在的发展偏见，大多数无情的大哥大般的男性都曾在数个世纪以来遇到这个阻碍，却没有让这个该死的东西有丝毫减弱。

奥巴马就任总统后，一直在试图对发展偏见做出纠正，可就算是在第二个总统任期，他都没有太好的办法成功解决这个问题。没人可以——主要是因为我们叽叽喳喳、技术上先进、情绪上幼稚的思想没有完全抓住在所有政治修辞、自由流动的恐惧、有害的沮丧和疯狂的文化静态下潜藏的核心挑战。

在关于领导力的畅销书《管理中的魔鬼细节》(*What Got You Here Won't Get You There*）中，执行教练马歇尔·戈德史密斯（Marshall Goldsmith）描绘出二十个阻碍成功人士更成功的常见但是恼人的习惯。这些扼杀职业生涯的陷阱和智力、技术技能、财富、天赋、教育和勇气并无任何关系，而是和由极度低效、严重过时的控制一服从体系滋生的态度、人际沟通困境和性格怪僻有关。很简单，戈德史密斯揭示："你爬得越高，你的问题就更可能与行为有关。"

读完了戈德史密斯列出的坏习惯，我不禁注意到讨论的很多行为都是公然掠夺性的，包括第一个挑战：赢得太多。作者说，这源自"在任何不必要的时候和情况下都试图成为大哥大（大姐大）"。剩下的十九个习惯中的大多数都和第一个有关。作者写道："在任何情况下什么时候不惜一切代价去赢的必要性——什么时候需要赢、什么时候不需要赢、什么时候赢不赢都无所谓。"戈德史密斯强调，我们"对赢的痴迷在人类努力的范围内抬起讨厌的头”，在一种“情况明显不利但我们仍然要赢”的情况下达到顶峰。花在特别有害的沉迷上的时间、天赋和金钱在我们当今政治体系中尤为明显。

人性是通过众所周知的“文明化”过程实现心理和社交进化的。我们已经遇到全面的僵局，让我们走到这一步的因素不会让我们走得更远。就像戈德史密斯教导的财富500强的执行官一样，我们需要接纳一些新技能。我们是一个特别强大、成功的物种——我们的能力足够让整个地球破产。幸运的是，我们有几个神的化身可以效仿。他们是历史上重要路线的开拓者，开拓了新领地却只付出了很少的血汗和泪水。其中一些梦想家成了重要的宗教领袖，但是我们至少有一个彻底的创新者可以参照，他可能是人类发展舞台上最好的榜样。

是的，你猜对了，我说的就是乔治·华盛顿。就如善意的将军带领一支衣衫褴褛、装备不足的军队在美国内陆摸索前进一样，我们必须对权力的理念，敏锐的感觉，情绪英雄主义，以及经历恐惧、疑惑和完全混乱的死亡进行重新评估，并坚信我们有能力在这个过程中创造出一些新东西。进化和华盛顿称为“天意”的东西看起来站在我们一边。未加限制的掠夺行为所面临的不可穿透的玻璃天花板为此提供了持久的历史证据：一些高等智慧和（或）自然选择的过程正在积极地阻止我们前进，直到我们可以放手不成熟的控制幻想，拥抱更成熟的社会组织形式。

为了实现转变，我们要学会谦逊、智慧、移情和勇气。在面对英军

——曾经世界上最强大的军队——时，华盛顿必须承认，就其本身而论，他永远也不可能打败那个巨无霸。他必须尝试一些新东西。事实证明，整合一些非常古老的东西：被长期遗忘、难以置信的非掠夺智慧来加强他已有的高超的信念、关注和忍耐。

在21世纪，我们再一次同威胁我们自由和生存的势力做斗争。不幸的是，这种势力已经证明比乔治国王的那些傲慢的贵族和精心训练的士兵更为强大，也更为阴险。然而，我相信我们在集体进化中已经达到一个新的阶段，在这个新阶段中，我们可以用同情、人道，也许再加上一些优雅和愉悦来打赢这场心理学上的“独立战争”。

安然：掠夺行为失败的教训

安然（Enron）在20世纪90年代崛起的高度、在2001年崩溃的速度和阴谋诡计的深度都已然成为一个传奇。实际上，安然高层管理人员厚颜无耻地传递给投资者、员工和公众的幻影表明高级智慧和不加限制的掠夺行为是有害的组合，会孕育出让人迷惑的傲慢。直到安然宣布破产的前一刻，那位于休斯敦的能源巨人还是这个国家肆无忌惮的资本主义的代表。安然看似年复一年的盈利得益于竞争和撤销管制，安然还大肆宣扬自己攻击性、适者生存的文化。而与此同时，它把相互剥削的哲学定义为一种新的经济宗教。

然而在背后，安然却在以惊人的速度赔钱。通过一个名叫“按市值调整”的“神奇”的会计制度，安然可以在合同签署的那一天认领未来潜在的利润，而不管公司有多少现金流入。让事情更糟的是，交易者可以从投机利润中分红，无论他们的初步预测是否准确。比如说，公司花了十亿美元在印度建了一座电厂，然后才意识到这个国家无力消费刚建成的电厂所生产的电能。而高管已经从基于预想但实际上从未得到的利润中分了几百万美金的红利。在另一个广为人知的安然和百视达公司的交易中，当其他开发者还在为细节苦苦挣扎时，他们就已经宣布了视频点播技术的诞生。最后，工程师没能解决这些困难，导致计划破产。但是通过按市价记值，安然使用未来视频点播计划获得超过五千万美元的收益——而事实上这个计划从来没挣得一个子！

随着时间的推移，就算是按市值调整的伎俩也无法解释庞大的快速增长的债务。随着越来越多的员工被鼓励把退休金投资到安然的股票上，明目张胆的欺诈成了高管痴迷于公司对电力、通信和天气证券控制的最后一招。首席财务官安迪·法斯托（Andy Fastow）想出一个主意，创建特殊公司来掩盖巨额且日益增大的财务损失。这些欺骗性的金融实体起着“猛禽”和“绝地”的名字，象征着安然关于超强食肉动物和太空时代战斗的幼稚幻想。在这些战斗中，一种超自然的“原力”与高管同在[①]，让他们无视金融的“万有引力定律”。

很快，这些狡诈的天才受到“黑魔法”的诅咒：2001年末，数万普通市民和信赖安然的员工变得一无所有。几个核心员工随后入狱；其中一人自杀。公司的创始人是一个浸信会牧师的儿子。他曾认为安然的迅猛增长是上帝对公司的支持。最后，他在收到入狱四十五年的有罪判决的几周后心脏病发作去世。

---

① 源自星球大战“愿原力与你同在”（May the Force be with you）。

责备安然的破产是很有诱惑力的事情，而且很容易将其归因于贪婪、傲慢和欺骗，把安然的整个失败归因于道德的受难复活记。我们也可以轻易地把安然作为资本主义失败的案例。或者我们可以用心理逻辑的方式，把公司高管归类为反社会人格。天哪，我们甚至可以说是魔鬼要他们这么做的。但是这样我们就丢掉了重点。安然内部破裂是因为掠夺行为的玻璃天花板已成为自然界中被长期忽略的原则。这种没有认识到掠夺行为深刻局限性的危险失败在20世纪得到加强。主要归因于达尔文非常不完善的“适者生存”理论和各文化都没能认识到世界三大宗教——包括天主教——的创始人都积极发展的非掠夺智慧。除非人类能够根据这些因素拓展我们的视野，修正我们的信念，改变我们的行为，否则我们将会持续孕育出如安然一般的巨兽。

在《房间里最精明的人》（*The Smartest Guys in the Room*）一书中，麦克林和艾尔金德总结说：“如果每个员工都无须对其他人负责，完全被利益驱使，任何公司都是无法长远发展的，无论这些员工有多么聪明。如果公司只雇佣才华横溢的工商管理硕士——让他们相互攻击，那么公司是无法正常运行的。公司欣赏有团队合作精神的员工是有原因的，正如有理由显示能和其他人和睦相处的人会把工作做得更好。原因很简单：只靠聪明才智是无法建起整个公司的。你需要那些有主意的人，也需要那些执行这些想法并在过程中受益的人。”

“适者生存”中的例外

在一百年前，一个崭露头角的自然学家注意到，相互帮助在物种内部甚至在物种之间都是决定生存的重要因素。彼得·阿列克塞维奇·克鲁泡特金王子（Prince Pyotr Alekseyevich Kropotkin）开始是达尔文理论的拥趸。实际上，他对自然选择的理念是如此着迷，于是决定用他的巨大的影响力和财力开展跨越东西伯利亚、北满洲里，后来还有欧亚大草原的调查研究。沙皇时代的俄国贵族对他的第一次旅行信心满满，克鲁泡特金计划着把自己的观察结果和进化论的科学文献联系起来。在19世纪末，他命令十名哥萨克和五十匹马踏上征程。但很快，他就感到很困惑，至少刚开始是大失所望。

“我没能发现——尽管我那么急切地寻找——同一物种中的动物为了生存方式苦战。这经常被大多数达尔文主义者认为是为生存而斗争的主要特征（尽管达尔文不这么认为），也是进化的主要因素。”克鲁泡特金在1902年的书《互助：进化的因素之一》（*Mutual Aid*：*A Factor of*

Evolution）的扉页写道。

对于达尔文主义和社会学的日渐紧密的联系，他感到更加担心，并强调他“无法认同关于这个重要主题的任何作品和手册。那些人都致力于证明：得益于高度智慧和知识，人类可能会缓解为了生存而挣扎的痛苦；但是他们都同时承认应该为了生存而斗争，每个动物和本族的动物斗争，每个人和所有人斗争是‘自然法则’”。根据克鲁泡特金的经验，这些潜在破坏性的视角“缺乏直接观察的证实”。在那时，他已经在西伯利亚内陆遇到的众多动物中见证了明显的社交、互助和避免竞争的行为。

观察着外贝加尔的一大群野性反刍动物，包括半驯化的牛和马，克鲁泡特金挑战了进化论的这个观点，那就是巨大飞跃可能源自突发性气候变化和其他的严峻挑战。当“动物因为食物稀缺而斗争时”，他说，它们“经历折磨之后，就变得精力不足，肉体疲乏，这样的物种没有任何渐近过程，因为没有任何物种是基于这么强烈的竞争形成的”。

他说，退化才更容易在极端的环境压力和有限资源下出现。“在灾难发生时，自然选择能做的只是饶恕那些可以最大限度忍受苦难的人。正如西伯利亚的马和牛一样。它们忍耐力强；如果需要，它们可以吃极地桦树；它们可以抵抗寒冷和饥饿。但是没有一匹西伯利亚马能够搬运自身重量一半的东西，而欧洲的马却可以轻易做到；西伯利亚的牛的产奶量不足娟珊牛的一半。”而且他很快指出人类不得不在自然灾害、贫瘠的生态系统或无休无止的战争压力下勉强维持的贫乏生活，将会因健康欠佳和纯粹的身体虚弱而减缓智力的发展。

他总结道，对有限资源的竞争在动物世界和人类世界中都不是法则。在西伯利亚的严酷现实中，他观察到鸟、鹿和野马慢慢地、懒洋洋地在秋季向南方迁徙，松鼠开心地囤积坚果，熊变得昏昏欲睡，准备冬眠。强调了以冬眠、囤积食物和季节性迁徙行为作为本能，躲避因有限资源而争斗的智慧。骑马跨越广阔的俄国草原，克鲁泡特金和同行的人比较了各自的笔记，笔记中提及后来确定为进化终极优势的社交性。

在一个印象深刻的例子中，一个名叫斯野沃托夫（Syevertsoff）的自然学家记载了由十只白尾海雕组成的侦查小组。它们彼此间隔相当，共同翱翔天际，共同侦查约二十五平方英里的地面。整整半个小时，每只白尾海雕都坚守在各自的岗位，在安静中侦查自己的圆圈区域，直到一只白尾海雕发出尖叫。

这只白尾海雕的叫声引来另外一只海雕靠近，“接下来是第三只、第四只，其他的海雕继续靠近，直到九只或者十只海雕都聚集在一起，然后很快消失了”。后来，斯野沃托夫到达了那个地点，那个他见到一群海雕在数小时之前消失在绵延草原中的地方。在那里他发现这些群居的鸟聚集在一匹马的尸体上。几只海雕（可能是先吃完的年长的那几只）栖息在附近的干草堆上，保持警戒。而那些年轻的海雕安全地进食，身边围绕着一群乌鸦。

是一群海雕围着一匹孤单的马，而不是一群狼，这倒是很不寻常的现象——这个可怜的生灵可能是因为受伤、年老或者疾病而死。毕竟，成年的群居动物是危险的猎物。如克鲁泡特金所说，马的集体防御策略对哪怕是最凶猛的掠夺者来说都是非常吓人的：“在俄罗斯草原，狼从来不主动攻击马，除非是整个狼群；虽然这样，狼群也得通过苦战，在这样的战斗中马有时还是主动进攻的……如果狼群不及时撤退，它们会面临被马群包围，然后被马蹄踩死的危险。”

他说，互相帮助对常见紧张事件的双方来说都是重要的因素，不过单单是非掠夺物种的数量对克鲁泡特金来说都是更大的发现。调查了各种不同的哺乳动物，“震惊我们的第一件事就是相比那些彼此没有联系的少数食肉动物，社会性物种拥有压倒性的数量优势，”他写道，“在广阔的中亚高原上，我们发现了成群的野马、野驴、野骆驼和野绵羊。在所有这些哺乳动物生活在种族和部落中，它们的数量可以达到数十万只。尽管现在，经过三个世纪的火药文明，我们只能看到巨大的古代废墟。和它们相比，食肉动物的数量是多么少！因此，那些提到动物世界就认为是狮子和土狼露着血淋淋的牙齿啃食猎物的人是多么错误！这些人可能认为人类社会只有无止无休的战争屠杀。”

合作超越竞争

克鲁泡特金对自然选择的乐观视角最终给他带来很多麻烦，导致他直接入狱（尽管他最终越狱）。对一个沙皇时代的贵族来说，从互助和非掠夺行为的本性中招来那么多麻烦是一回事，因为这些观察而声称自己是无政府主义者则是另外一回事了。虽然他的观察成果让他成为受全世界尊重的地理学家，他随后还是断然走上颠覆性使命的道路，把自己伪装成名叫鲍罗丁（Borodin）的农民积极分子和演讲者，传播自然界启发的社会改革远见，鼓励生活在分权社会中的自由、赋权的人和平地聚集起来。他的假名显然是在向鲍罗丁致敬。鲍罗丁是19世纪早期的俄国作曲家，曾写过管弦乐作品《在中亚草原上》，那是一首充满东方和西欧民歌风情的内容丰富的诗歌（“世界音乐”的早期版本），现在仍然很流行。

克鲁泡特金的观点，就像鲍罗丁那曲调丰富的作品一样，难以理解但又令人感动，承诺一些必要但难以名状的东西，这些东西可能会吸引不知情的听众打破常规。正如杰夫·奥尔森（Geoff Olson）2005年发表在《共同立场》上的文章《克鲁泡特金直面达尔文：合作作为进化力量》（*Kropotkin vs. Darwin：Cooperation as an Evolutionary Force*）中，克鲁泡特金从自然中学到的哲学不仅抵制君主制，而且这位富有的王子有勇气挑战基于国际伪科学的政治哲学。他主导的这场运动成功地游说了美国相关立法的通过。这部立法要求现代企业经营时要承担部分或全部的社会责任。

关于科学最奇妙的事情就是，尽管系统中的小故障有时会阻止有价值的新视角获得认可，或是首先得到出版，但证据终将构建，来打破个人和文化对国际科学界的偏见。这经常发生在一个等级消亡，新一代取而代之的时候。

就是这个问题加上那些21世纪的研究有效挑战了自然的“斗士”视角，用更为冒险的假设加强了克鲁泡特金的互助理论。这些强有力的新证据表明在一万到三万年前，一个创新——人和动物的联系——通过改变大脑的生理化学反应和相互行为修正使人类的进化前进了一大步，证明了一个令人震惊但却明白无误的结论：那些和祖先建立互惠互利关系的动物让人类更温和。在人类驯化了它们的同时，它们也驯化了人类。此外，动物辅助治疗领域和马术促进学习领域也表明马、狗和其他动物伴侣以我们正在理解的方式提高对我们的要求、赋予我们权利、教育我们。

在这个被卫星监测无数次的星球上，最后的前沿可能就潜藏在谷仓和后院中。数个世纪以来，平静嘶鸣和摇尾巴的朋友一直在等待，等待我们认识到它们并非要帮我们保护领地、走向荒野、控制自然；它们本质上是来帮助我们学习那些高级的洞察力、同情心和领导力的，这些技能对我们成为地球上负责的管理者，管理地球上多样的文化，管理具有丰富的感情和独特天赋的生命形式来说都是必要的。

第六章　尊重与依赖

【编者按】

中国以农耕为主，通过“汗滴禾下土”的耕耘，养活了自身，创造了辉煌灿烂的文化；而那些随着季节变化在草原上不断辗转的牧民们也同样伟大。他们在与牧群的相处中得到了更为悠久的智慧。

这种智慧就是人与自然的相处中相互尊重和相互依赖。游牧民族没有像农耕民族那样为了生存而改造和控制自然，与自然的和谐相处，让它们免受了许多不必要的灾难。

这种肇事于亚当之子的智慧，经受住了历史和科学的双重考验，这不得不引起我们的深思。

上帝的选择

人类和动物的关系始终蒙着一层神秘的面纱。我们永远也不知道谁驯服了第一匹狼，让它从手里吃掉一小块食物，谁在历史上抱起第一只猫或者谁骑了第一匹马。我们在文字发明的数千年前就已经和其他物种组成了互惠互利的伙伴关系。但在20世纪之前，历史学家和科学家并没有花太多时间推测驯化是如何发生的。世界上的创世故事也没有说明太多。就像是在我们刚有意识的时候，这些动物就已然存在，和人类生活紧密地交织在一起。它们的存在在世界各地都被当作理所当然，像雨、像四季、像呼吸。

在《创世纪》中，地上的野兽和空中的飞鸟的名字都是亚当起的。亚当是第二个被创造出来的。但是《创世纪》中却没有提及这个人如何想起要和动物建立联系，为什么想要和动物建立联系以及什么时候和动物建立联系的，还有那条狡诈而且会说话的蛇诱惑亚当夏娃以及随后两人被驱逐出伊甸园的不幸插曲。我们所知道的下一件事，就是亚当的儿子在收割庄稼，放牧家畜，争论是定居的农业生活好还是游牧的草原生活好。而随后该隐杀害亚伯的行为描述出人以暴力反抗耶和华的偏爱，并提醒人注意自己对背后真正问题的健忘。到现在，这个问题造成了人类普遍的苦难。

《圣经》中描述了两种文明的对抗。一个是高度发达的拥有集体智慧、创新和历史困境的半游牧文化，另一个是在中东地区影响力日增的占有土地、汇聚财富和蓄奴的文明。在摩西和耶稣——和其他共同铸就这本包罗万象的书的人——的言论和作品中，看似自相矛盾的地方在非掠夺哲学的背景下是合乎情理的。这一切都始于耶和华喜欢亚伯的田园牲礼甚于该隐奉献的农业劳动果实。造物主并非鼓励食肉，或是为了满足某种超自然的对鲜血的渴望。他赞同牧羊人的生活方式，这种生活需要照顾动物，和动物一起迁徙。但是为什么游荡在乡村，保护绵羊不受狼群攻击的生活方式胜过平静地管理谷物、葡萄树、枣树和花？这是耶和华的智慧来源，其中的逻辑我们直到现在才有能力通过现代科学和五千年残酷的反复试验来解读。

亚伯的智慧

回到20世纪90年代，当我在研究马的驯化和古代欧亚游牧部落后来的发展时，我遇到一些关于其他草原文化及整个生活方式的好处的书。丹尼尔·奎恩（Daniel Quinn）获奖的小说《以实玛利》（*Ishmael*）和吉姆·科贝特（Jim Corbett）才华横溢但却不为人知的非小说作品《像山羊一样行走》（*Goatwalking*）尤其有创意和见地。这两本书都把该隐和亚伯的故事当作文化进化的重要转折点。从这点出发，该隐谋杀他牧羊的弟弟、建造第一座城市的冲动表明了在文明开始早期，游牧民族在面对定居文明时所感受的致命敌意。

奎恩小说中的叙述者在和大猩猩的心灵感应辩论中探究了这种智慧。这场辩论是关于“离开者”和“索取者”的。“离开者”是狩猎采集者，和自然和谐相处；“索取者”是城市居民，在农业革命中成长，致力于征服一切其他生命形式，并在这个过程中破坏很多物种。这本书并未区分狩猎采集的生活方式和游牧的牧人生活方式。我曾提到过，游牧生活方式是脱胎于定居农业社会的创新。但是，《圣经》中亚伯的确是该隐的弟弟，这增加了千万年来口头传述的史前历史记忆的精确度。

奎恩的小说用一丝游牧视角巧妙地取笑了现代头脑。科贝特在1991年写的书为田园主义心理精神效应提供了更具体的信息。作者通过描述和一群奶山羊游荡在亚利桑那沙漠，在相当长的时间内参与到游牧的生活方式中得到的感悟，让亚伯的智慧复苏再次流行。通过这样的努力，他把安息日的原意——休耕的古老犹太传统——和当下犹太人的生活习惯结合起来——每七年让土地休耕一次。

周期性休息的主意在《利未记》中出现，源自摩西在进入应许之地前得到的耶和华的旨意。在他们从埃及的奴役中解脱出来之后，那些犹太人因为邪神崇拜的尴尬一幕被判罚在沙漠中无目的地游荡。然而从一个非定居的视角，这在耶和华看来并不算是惩罚性的举动，更像是必要的惩教工作。在和建造金字塔、蓄奴的那些登峰造极的城市定居者生活了无数代之后，以色列那些道德败坏、未得到赋权的部落需要唤醒他们生疏的牧人本领，这样他们才会有能力在应许之地恢复自己独特的文化。要不然，他们可能在迦南建造犹太版的埃及。所以他们被迫穿过旷野，到处游荡，直到他们重新找回亚伯的智慧，意识到当以信任、感情和尊敬的态度对待自然时，自然是会养育他们的。

对我来说，接下来发生的是《圣经》历史中特别迷人的一刻：在古以色列人进入迦南之前，耶和华决定和他的子民合作。耶和华非常清楚这个部族的一些人和该隐一样，更喜欢定居、耕种土地甚至是建造城市。耶和华对他们妥协，寻找一种方法帮他们实现平衡。他的方案包罗万象，要求人类至少要和游牧人的生活方式保持某种联系，游牧人的生活方式实现了人和自然的相互尊重、相互依赖，和征服者人定胜天的心理相反。那些知道如何在野外茁壮成长的人更不太可能以个人自由为代价帮助他人汇聚大量财富；更可能在事情失去控制、暴虐统治大地时逃离。

所以，除了概述各种影响高尚社会行为的法则，《利未记》还引入了安息日的概念。神的裁决明确指出，每隔七年，人们要推掉所有的农耕责任，真正地回归自然。

科贝特认为，作为杀害弟弟，建造第一座城的后果，该隐忘记了安息的意义并失去了和自然救赎力量的联系。但是神之智慧的流露表明耶和华一直在试着快速启动人的记忆，有时强迫乐于接受的人走出城市、溜出宫殿或者只是放下锄头开始行走。摩西爬上西奈山，得到了《十诫》，随后引入了安息日的概念。佛祖和穆罕默德在实现自己深刻影响广泛的世界观时曾花很多时间孤独地待在自然中。耶稣在沙漠中游荡了四十日和四十夜，然后回到文明中，督促他人放下渔网、放弃他们的事情，只是简单地跟着他去只有神才知道的地方。然而，我们要认识到，这位来自犹太的木匠可能以这种方式强化了几个世纪以来的传统。直到最近，犹太文明都因这种保证整个种族经常经历游牧人的重生、联系和净化的长期承诺而引人注目。

“在一千年中，”科贝特在《像山羊一样行走》中强调说，“闪族人称荒野为‘有主之地’，以和为了人类的计划而占有和改造的土地区分开来……安息日就是停止从世界中攫取食物，去休息、去庆祝造物主的仁慈。在安息年，所有的人都停止用耕作的方式，转而食用土地上自然出产的食物来谋生。所有的债务都被取消，所有的奴隶都回归自由。土地的所有权每个圣年（每七个七年的循环）恢复一次；没有人应该永久占有土地和其他人。”

由一部分历史、一部分哲学、一部分法律论文和仪式手册构成的犹太教和基督教的《圣经》也把和自然的合作当作加强精神联系的一种方式——和动物成为明确的伙伴关系。故事从这儿开始变得有趣。近来的科学研究表明，和马群生活在一起而不是简单地看风景，给那些选择这种生活方式的人提供了发展优势，增加了他们的勇气、信任、同情、社交、适应和个人赋权。这是通过一系列人类-动物联系本身产生并加强的各种荷尔蒙和行为改变来实现的。

实际上，我们在现代忽视了这种优势，这标志着该隐健忘的另一个循环。这不是道德沦丧。这是久坐不动的城市生活方式的陷阱。为野心所囚禁，我们已经使尽浑身解数，成就了迷恋高成就的文化，导致一系列压力相关的疾病和贪婪有关的暴力行为。但是地球上仍散落着游牧人的生活方式，实际上，他们持有的某种记忆是我们输不起的。

科贝特观察到：“定居的人无休无止地改造和占有土地，因为他们只能用人为习惯生存，被控制土地的人征服利用。与之相反，游牧人以安息的方式对待生活，这是‘有主之地’的礼物。……从西藏到摩洛哥，从哈萨克斯坦到下加利福尼亚，游牧的生活都和游荡相像，驯化的动物变野了，知道如何在有主之地如鱼得水的奴隶逃跑了……让牧人的意识达到一个深度，这是那些崇拜主人地位的人所无法体会的，因为他们只能生活在人为世界的虚构边界内……学着去和生态环境和谐相处而不是融合到控制服从的层级制度才能够了解另一种社会，这是一个所有创意机构都享有平等权利的社会。”

选择游牧的生活方式现在已经不切实际。但另一方面，和其他物种组成相互尊重的关系则完全可行。越来越多的研究表明动物辅助教育和治疗实践不仅是变革性的而且有治愈作用，可以帮人掌握更高级的发展技巧。这些技巧对领导力和创新是至关重要的。在 21 世纪的背景中，亚伯的智慧包括认识到动物不仅在身体上滋养我们，保护我们；它们也能帮助我们实现心理和社会层面的发展，这是通过改变大脑的生物化学反应和相互行为修正的方式来实现的。人类一动物纽带是科学、历史和宗教非常感兴趣的领域——而且这些领域都互相启迪。正如世界各地的神话和宗教教义坚持的：马、狗、猫和其他驯化的动物伴侣都是创造智慧的礼物，而且这智慧已经在沿途为我们喝彩。

我们只是还没有完全打开这个包裹。

催产素的作用

当人类和驯化了的动物伴侣接触时，两个种族就紧密联系起来，就像是被注射了有效而且感觉良好的药物，对男人来说是这样，女人更是如此。毕竟，在导致行为改变的荷尔蒙消失之后，人类抚养小孩或者安抚动物时身体释放的催产素才是最终的黏合剂。这个黏合剂创造出改变思想的勇气、关注、冷静、信任和强烈幸福感。

催产素不仅催生联系而且还鼓励联系。其中一部分是通过降低血压、缓解非战即逃的反应来实现的，这种全功能的荷尔蒙激发了身体、心理和情绪的接受能力，这些能力对哺乳动物彼此接触是很重要的。催产素产生之后会提高要求，快速启动社会认知循环，同时通过释放多巴胺加强“照顾和帮助”的行为。多巴胺可以创造和轻量的可卡因效果相当的愉悦感。一些科学家相信多巴胺使用这种愉悦原则当作“教学信号”，让部分大脑对学习新行为负责。从催产素这一例来看，这就是组成强有力的互惠关系的强烈暗示。毕竟，当催产素发挥魔力时，照顾者或帮助者和她心仪的对象体内的多巴胺增加得同样多。

在过去三十年中，对老鼠、草原田鼠、狗和人类的研究表明：催产素让哺乳动物更少恐惧、更加好奇。它不仅鼓励个体成双入对、筑巢、养育子女，也鼓励它们离开巢穴探索未知的领地，这在新关系中尤其常见。“当注射催产素后，”科学家克斯汀·尤纳斯·莫伯格（Kerstin Uvnas Moberg）解释说，“同性的老鼠会变得更加合群，不再害怕相互接触。群组中的攻击性明显下降，友好的社会形态取而代之。这些老鼠更倾向于坐在一起，而不是彼此回避。这种亲密关系反过来会促进更多催产素的分泌。”

当母亲哺育孩子时，当任何年龄的动物互相梳理毛发、舔舐、抚摸，或是当它们参与到双方渴望的性行为时（和攻击性、强迫的活动相反），双方的荷尔蒙都有所增加。然而，作为科学家，尤纳斯·莫伯格使用催产素注射来隔离它对个体的影响。随后的试验呈现出更震惊的结果，试验对象疼痛阈值升高、伤口加速愈合和学习能力加强。但是莫伯格从没有完全把催产素对个人心理的影响和荷尔蒙的终极效果分开：让彼此冷静下来，并建立联系。

她在《催产素的因素》（*The Oxytocin Factor*）中表达了自己的惊讶：“奇怪的是，生活在同一个笼子但没有直接注射催产素的动物也表现出同样的变化，虽然变化比较小。笼子里的其他动物变得更加冷静，产生更少的应激激素。”尤纳斯·莫伯格被这种接触一升高现象震惊了，她给一个未注射催产素的动物注射一种抑制催产素的药物。当然，催产素与生俱来的传染天性被抑制了。这表明那些最初注射催产素的老鼠不知怎么的可以激活笼中同伴的催产素系统。随后的研究表明催产素的好处可以在其他动物身上激活，不仅通过哺育和直接接触的方式可以做到，通过气味、声音和其他感觉也可以做到。

催产素对群体有着持续的积极影响，而不只是影响个体，瑞典科学家对我们强调："需要冷静和联系，这不仅是为了拒绝疾病，而且是为了享受生活、品味好奇、乐观、创新的态度。这些品质很难用科学方法量化。但是，研究表明：关注和学习同样也能在平和的环境和哺乳关系中得到提高。压力下的孩子要比那些冷静有安全感的孩子学得更困难。"

对催产素好处的研究已经证明进化并不推崇攻击性、让人畏惧的适者生存的思想方法。相反，自然通过社交和互助偏好来从行为上和生理科学上持续缓和这种最基本的防御性直觉。

克鲁泡特金的研究认识到这个因素的作用，但直到一个世纪之后他才从科学中得到支撑。当他骑马穿过西伯利亚内陆的时候，这位俄国王子看起来只是模糊地把种族间的关系当作自己理论的终极代言。在这一方面，越来越多的当代研究员有效地证明了他的理论。

蒙古牧民的习俗

人经常要体贴而且富有同情心地和生态系统相协调。蒙古那些非常成功的牧民饲养马、绵羊、山羊、骆驼和牛，在秋天宰杀那些看起来无法挺过严冬的动物，把肉晒干以维持春天到来前家庭的生计。在《和牧群共同生活：人类和动物在蒙古共存》（*Living with Herds*：*Human-Animal Coexistence in Mongolia*）中，娜塔莎·菲今（Natasha Fijn）有效地论述了这些文化对动物有多么关心。娜塔莎观察到，催产素的社会认知回路跨越了种族界限，已经形成基于自然的平等哲学。她遇到的蒙古牧民可以说出每个动物的名字。但是，这并不妨碍他们做出艰难决定。这反而加强了“平等观，对待动物不偏不倚，也不把它们当宠物。同样，蒙古游牧社会这种态度是要照顾好牧群中的每一个动物，而不是挑出一个来特殊对待。当然，一些紧急情况比如极端天气和其他要求一些动物区别对待的情况”，特别是在小马驹、小牛和羊羔需要照顾时，牧民会把它们带到帐篷喂奶，然后在它们变得强壮后放回牧群。

虽然蒙古牧民满是爱意和养育之心，但他们完全有能力面对坏脾气的公牛、暴躁的小马或是后腿站立的雄马。他们宰杀动物时虽然凶狠但满是敬畏。牧民的角色有效地把父母亲、领导者和掠夺者通过神圣的信任结合起来，保证牧群中的所有动物都有机会走完一生。而且在必要时，迅速、人道而且有意义地死去。这和因虚弱和饥饿忍受长久的痛苦相反。当娜塔莎告诉一个部落成员西方社会吃羊羔肉和小牛肉的行为时，那个女人的眼中满是泪滴，说道："我们爱年幼的动物，所以我们不能吃掉它们。"

娜塔莎总结道："她一定认为这是很奇怪的行为，她曾经那么小心地照料一些虚弱的羊羔，让它们睡在她面前的炉边。对于一个牧民来说，在这些年幼的动物还没有生产幼崽之前就被杀掉然后吃掉的行为是违背直觉的。因为那时，这些动物的生命都不完整。如果一只羔羊因为虚弱或疾病死去，牧民会利用羔羊的皮毛，但不会吃它的肉。"这种不愿享用被我们的文化认为是美味佳肴的行为表明，在牧民中催产素催生的对动物的养育和关怀的纽带有多么深刻。

成年动物的死亡也会得到牧民的敬畏，但方式有所不同。严格的传统要求每个动物都要以人道和安静的方式宰杀，远离牧群、女人和孩子。浪费成年动物的每一部分都是不尊重的，骨头除外。蒙古人相信所有生灵的灵魂都在骨头里，所以这些被珍视的牧群成员的精神可以在自己认为最佳的时机释放出来，然后转世。这意味着狗是不允许啃骨头的。娜塔莎研究的受佛教影响的部落也相信人可能会转世为"五种动物之一"（这五种动物是马、绵羊、山羊、骆驼和牛），这给这种共生契约增加了更深的献祭和圣餐的感觉。

被遗忘的知识

不去管蒙古牧民对来世的不同信念，这种游牧文化发展出的亲密的种族间关系也可以从《圣经》中找到一丝痕迹。在犹太人信仰的《犹太法典》中，一个圣人在宰杀每个动物前会主动地祝福它们。这是现代西方社会保留这一行为的唯一遗迹。东正教传统严格限制对动物的残忍行为，并且描绘出特定程序、祈祷和精神的思维方式来调解这种献祭。有趣的是，犹太律法也禁止摄取动物血液，因为这会把动物和人类的生命之源混在一起。

这些部落中两条腿和四条腿的成员亲密的联系更进一步解释了为什么耶稣会在描述牧羊人和羊羔的隐喻[①]中摇摆不定。实际上，一旦他重新和天主教的游牧根基重建联系，圣餐的仪式就成了多维的象征仪式。这个圣餐礼不仅是为了让人和耶和华更亲近，而且也是为了在任何时

① 耶和华是父亲，是牧羊人；以色列人是孩子，是羔羊。

候、任何地方的城市定居者试图征服人类和自然，企图让人类和自然分离，更加崇尚物质的生活，让亚伯的精神以这种方式存留下来。从这点出发，耶稣改变思维定式的努力，把犹太人之外的人加入他创造的圣餐礼中的行为也可以看成是用来平衡在希腊一罗马时代肆虐的掠夺行为的方式，在日渐暴力的行为中提供一种有效的非掠夺智慧。

在耶稣时代，人们不仅可以忍受大屠杀，还经常培养这种行为。庞大的罗马帝国是由武力和威慑来控制，并由大斗兽场的残酷“游戏”加强。这些“游戏”包括角斗士展示、公开处决和“猎兽活动”（在这些活动中数千只动物被以相当残酷的方式屠杀）。罗马历史学家西塞罗赞扬这种残忍的娱乐行为，因为这可以降低民众对恐怖行径的敏感程度，让他们做好战斗准备。事实上，我们使用体育场来观赏足球比赛而不是杀生的消遣已经说明了基督教作为早期形式的社会行动主义的有效性。

不管你有没有感动到要加入耶稣启示的宗教，他的生活在历史上和文化上都很重要，尤其是当你考虑游牧智慧的时候。耶稣在历史上最残忍的时刻积极强化这种游牧的非掠夺哲学：他出生在马厩中的马槽里。他鼓励人们放弃财产，游荡于世界上，让耶和华通过自然界满足他们的需要。他憎恨暴力，哪怕暴力是为了自保，他以强烈的感情直面悲剧，强烈到足以在不牺牲同情的前提下挑战不公。最终，他的影响方式出现，并非通过暴力、控制或者让人信服的智力辩论，而是通过圣餐礼[①]——这种仪式是如此亲密，它象征着人类食用的肉和血。这种令人惊讶的手段有效地挑战了希腊一罗马文明的根基，让耶稣可以用仅仅在世间存在的三十三年就改变暴力日增的潮流。即使他和追随者只消除了罗马的血腥娱乐，这本身也是一个令人钦佩的成就。

但是，随着基督教被定居的等级文化所接受，耶稣感觉这种文化是需要改变的。他发起的这项强大的运动开始失去一些重要的东西，屈从于“该隐的健忘”。因为基督教被罗马、希腊和欧洲人所接受，而这些人从未体验过游牧生活。尽管如此，早期的基督教堂坚信《圣经》应该保留原本，因为这是无可争辩的“上帝的语言”，这将保证（或者不经意间保证）其深刻含义可以被任何“有眼睛和有耳朵”的人轻易得到。

把《圣经》放回心理一社会一历史背景中，我们会得到隐藏在掠夺、征服导向的思维模式下的所有信息。花时间和非掠夺动物在一起让我们有更深刻的洞察力。随着这种远古智慧的复兴，一系列关于领导力、共同创造和真实的社区构建的复杂课程开始出现——游牧技巧比我们从早期城市定居者继承来的二维命令（控制模式）要先进得多。与此同时，那些古老的控制一服从习惯仍然挡在我们面前、阻碍我们实现功能性民主的努力，更别提实现对每个人来说都自由公正的自由社会了。

---

① 圣餐礼是耶稣亲自设立的一件表明主的生命常与信徒同在的圣事。

该隐的专业功绩毫无疑问是有天赋而且充满诱惑的，但是它们仍保持分离状态、危险而且有时因缺乏亚伯的灵活性、同情和尘世的人际天赋而变得毫无意义。现在让我们高举在当前阻碍发展的状态下被长期抑制的知识。然后，看在上帝分上，发展这些知识。

第七章　勇气与忍耐

【编者按】

互联网带来了新的生活方式，它模糊了人与人之间的等级与控制关系。让领导与管理似乎变得更加的艰难。如果没有了“鞭子”和“围栏”，如何实现有效的领导呢？幸好，我们在非洲富拉尼部落那里找到了答案。

高情绪智慧和高社交智慧并非只能从现代社会中习得。实际上，在与动物的朝夕相处中，人也能被培养成为出色的领导者。当富拉尼部落中的男孩站在暴躁的公牛面前时，当他们在莎诺仪式上被人用棍棒敲打时，他们已经开始学会如何掌控整个局势。

新领导力的呼唤

真正的牧民都是你见到的最勇敢最聪明的领导者之一。并不是因为他们踏遍荒野保护牛群免受食肉动物的攻击——这是本职工作——而是因为在非常年轻时，这些人就学会了以非凡的轻松、力量、境界和优雅的姿态穿行在一群有潜在危险的动物中。

这儿的关键词是牧群。挤牛奶或是骑一匹训练有素的纯种马需要更多的胆量和技巧，但是和一大群群居食草动物交涉需要的社交能力完全不同。当你跳下马鞍，那些马可以轻易跑远或是随意踢断你的腿。那些在草场冷静闲逛的动物可以轻易地用角刺穿你，然后像玩具娃娃一样把你抛起。大多数时候，它们无意做出严重的伤害。只是你恰好比它们小很多，也慢很多罢了。但是如果你在它们的地盘上，你就得遵从它们的规则，这就意味着你最好发挥出自信、洞察力和对非语言细节的敏感。好消息是，游牧文化采用的种族间社交技巧真正地提高了整个种族的智慧，促成了如此协调、如此复杂的行为，这让现代坐久的大脑感到困惑。

定居文明主要用技术手段来控制牧群：栅栏、畜舍、缰绳、牛轭、绳索和马勒。按洛特和哈特的说法，这些手段剥夺了“大多数动物违背人类意愿的选择”。工厂化饲养是最合适的例子。在那里，鸡、猪和肉牛都被关在温室里，像蔬菜一样收割，不考虑它们作为有感觉的社会动物的需要。

控制的另外一种方法，洛特和哈特说，“是积极地选择动物行为中对人有利的部分，唤醒这种行为”。这意味着在有希望影响牧群成员之前，你得先接受牧群的影响。这对生活在人类中心文化中的任何人来说都是很惊人的命题。这就是为什么在“欧洲和北美农业中，这种方式的使用很大程度上局限于威吓和从属关系，在这种关系中人类通过赋予自己社会主导地位来控制动物”。

很多管理者、教师、家长、牧师和政治家在试图影响人时都承担了同样的角色。当然，这体现了经过几个世纪致力于抑制人类的等级制度、命令控制模式以及多种身体、心理和社会约束之后，我们的领导能力是多么有限。但是其他的选择是什么呢？

答案并不在越来越多和越来越好的科技中——尽管科技最初以金字塔建造者、采棉机和血汗工厂的员工等方式奴役我们，但科技最终帮助我们重获自由。在一个“平民”可以飞往欧洲，驾车前往蒙大拿或者搬回内布拉斯加，并在佛罗里达买间冬季公寓的社会中，要把我们关起来更难做到。电子商务带来前所未有的影响，我们都不需要离开家去工作，减小了咄咄逼人把人当奴隶的老板的影响。手机摄像头可以即刻向世界各地的自由意志广播人权暴力事件，独裁者是个日渐危险的物种。结果就是政治的核心开始改变——改变得那么快，现在的政治家都跟不上改变的节奏。

在《第三次工业革命：新经济模式如何改变世界》（*The Third Industrial Revolution：How Lateral Power Is Transforming Energy*）中，杰里米·里夫金（Jeremy Rifkin）观察到在网络中提供更多信息的年轻人“社交能力大部分是通过互联网形成的，他们更可能把整个世界的人和机构分成两类：使用自上而下、封闭和产权式思考的人和使用横向、透明、开放的思考方式的人”。从本质上说，里夫金继续解释道，“网络虐杀了大男子主义”，让子孙后代构想新形式的领导力会是“传统、层级制的经济和政治权力组织让位于由遍布社会的节点构成的横向权力”。奇怪的是，在第三次工业革命的黎明，彼得·克鲁泡特金那个自由、赋权的人类生活在分权体系中的观点重获巨大的生机，这是通过他在最天马行空的革命梦想中都无法想象到的发明实现的！

“互联网技术和可再生能源的出现所解放的协作力量从根本上重建了人际关系，”里夫金强调说，“从自上而下到从一边到另一边，伴随着对未来社会的深刻暗示。”不管我们喜不喜欢，21 世纪的生活需要空前的高情绪智慧和高社交智慧。虽然所有的征服者的雕塑都已倒掉，但我们不需要更多的社交程序。在我们城市拥有的所有奇迹中，我们真正需要的是一剂亚当的智慧，纯粹的安息日。

换句话说，我们需要发展新的领导模式来支持真实、赋权、透明、协作的社会。幸运的是，我们无须从发明车轮开始。很多技能都隐藏在社会组织的远古形态中。历史没有记载这些细节变化，是因为这些技能是被一群无法说话，更无法写字的生灵习得的。

富拉尼牧民的领导力

为了社会的福祉，成熟的富拉尼牧民必须周全地选择领导者、控制者、家长、伙伴和掠夺者的众多技能。在这个背景下，在与其他更滋养的活动保持平衡时，控制者的角色在两个主要方面是至关重要的：保证人身安全和保护牛群免受各种困扰。作为社会控制者，中止动物的争斗是获得牧群尊重的最危险也是最有效的方式，同时还要观察受伤的动物，因为受伤后很容易就会感染（牧民很少有机会能接触到兽医）。为了和众所周知的大胆、行为变幻莫测的公牛保持安全的联系，牧民必须迅速纠正最轻微的攻击行为，特别是当这行为是针对人类的。十岁以下的男孩都会学习公牛“漫无目标的威胁”和它在想要攻击时的微妙的不同之处。这时，如果这个巨大的长角的动物没有马上后退，年轻的牧民必须要举起棍棒并大喊，棍棒使得攻击更加干净利落，并打一棒子。（考虑到一头愤怒的公牛的体形、速度和能力，如果人类在那场遭遇战中有希望幸存，它在决定攻击前一定会假装顺从。记住，这些人是靠双脚管理牛群的，而不是在马背上。）

让人印象深刻的是富拉尼人不用缰绳、绳索和其他约束能力就可以很好地控制大群动物。在旱季结束，未开垦的大草原上的植物都枯死的时候，牧民允许动物去生长着新发了嫩芽的玉米和植物的田地边缘啃食青草。这些人主要依靠声音威胁和偶尔对不安分动物的攻击来让动物远离更具诱惑的农田。截然相反的是，洛特和哈特“有几次观察到富拉尼之外的牧牛人管理一头母牛都筋疲力尽”。

管理整个牧群的高级能力并非取决于训练，而更取决于数代的种族间社会化。从第一天开始，富拉尼的小牛就要学着尊敬地回应两个种族的身体语言的细微变化。部落中的男人和女人在比他们大十倍的动物身旁时必须勇敢、果断和警惕。牛群对待比自己的孩子还小的儿童要更温柔，也要更尊重。

在六岁时，男孩就开始学习如何放牧暴躁的牛。在小牛还在哺育，被两个种族保护时，它们经常在每天早上喂过奶之后从母亲身旁牵走。在母牛和公牛外出吃草时系上“小牛绳”拴在帐篷里，直到晚上牛群回来。在成年的牛群离开后，这些四条腿的小牛会被解开，整天围在女人、小孩和年长的部落成员身旁，通过随意的游荡和有意的约束（系上小牛绳）和人类接触。在这个过程中，社交能力和种族间相互支持的情绪纽带就开始形成。在男孩竭尽全力去带领这些开始不知道合作的小牛时，他们也学会了驾驭和控制自己野性冲动的智慧，同时增强了自己的力量、勇气和信心。而敏感的小牛学会了尊重两条腿的生物，虽然他们每天看起来都要更小一点：在两岁之前，小牛在它们的人类伴侣长高一英尺的时候都会长高两英尺。

最终，这些动物在它们半游牧的人类管理者中轻松地进入周期性、可预测但多样化的生活方式。旱季非常残酷、压力巨大，两个种族的成年动物都在每天晚上搬家时遇到不同的地形。家是一个可以休息、可以提供安全和陪伴的地方。

然后有了把牧群和部落凝聚在一起的黏合剂。母牛养活了每一个人，这就在每天挤奶和被挤奶的过程中模糊了催产素的超级凝聚力的界限。这种荷尔蒙的冷静—连接的作用释放出跨越种族的放松和亲密的感觉，降低了血压，缓和了非战即逃的反应。女人往往负责挤奶和制作奶制品，但男性牧民一天也要花大部分时间梳理牛群的皮毛，给它们按摩(那些经常挑起事端的牛)，让两个种族的动物都用敏感和爱意缓和急躁易怒的性格。

最终，这种方式实现了一个牧民就能搞定的可信的群体行为。“一旦他得到了牛群的注意，他就转身开始往前走或向前跑，一边走一边叫。牛群就会排成一队跟着他，或者两头并排，有时还有发出声音。”在黄昏，回到孩子们身边当然是吸引力的一部分，但是用“独特的呼喊”就能让这些动物集合，并引导它们在其他时刻走向特定的地方（而不是像美国的西部牛仔所做的那样：骑马在后面赶，在牛群的两边赶），更加令人印象深刻。

这就是广阔的穷乡僻壤中领导者的精髓：把相互帮助变成进化的力量。

真正的控制

富拉尼部落每年会在庆祝时聚一到两次，这种庆祝包括制作音乐、跳舞、交换动物、求爱或做媒和暗中浪漫的暧昧。其中的重点是另一种庆祝，这种能力的展示通过仪式性的公共打斗展开。十五到二十五岁的年轻人挑战其他部落的人来进行一个紧张、奇怪的平等较量。这种较量和战斗技能并无太大关系，反倒是通过毫不退缩、不会哭喊或是还击的方式来展示每个人忍耐恐惧和痛苦的能力，洛特和哈特在报告中说。

在沙若仪式中，那些举起双臂的人会被挑战者用棍棒（直径约为两厘米，长约九十厘米）打在躯干上。挑战者必须用尽全力打。这就会造成巨大而持久的伤疤，这是富拉尼部落的人很引以为豪的疤痕。这样的对抗，从被打的男孩的角度来说，是为了接受打击，却不表现出丝毫的痛苦，最好面部表情都不要变化。事实上，为了确保自己不表现出任何情绪波动，被打的少年在整个仪式中都要举着一面镜子观察自己的表情。在第二天或是第二年的下一场沙若仪式中，他就会反过来打他的挑战者。

男孩在很小时就被教导要期待这次考验，去应对自己的挑战，去珍惜挑战带来的荣誉和伤疤。如果不参加这次挑战就会受到种族的排挤，包括种族的羞辱、亲戚的嘲讽和婚配时明显的劣势。

因此，六岁的男孩打在牧群中占主导地位的公牛蕴含着如下道理：有一天，当他成为男子汉，同样的男孩会站出来接受同伴重复而且更猛烈的打击。那些男孩通过那样的挑战也会招致同样的对待。沙若仪式对等的本质让它没有成为大学兄弟会造成的等级欺侮仪式，在那里老生欺负求助无门的新生。新生只能服从于占主导地位的老生，否则就会被排挤出组织。

我们从富拉尼部落动感激情的打斗中学到什么呢？关于力量、控制、恐惧、勇气、竞争和睾丸甾酮、垂体后叶荷尔蒙的猛烈涌动，这是每个雄性——不管是人类、食肉动物还是食草动物——为了实现真正的潜能所必需解决的问题吗？沙若仪式本身就已经提供了一个强有力的答案：一个人必须面对其他人的攻击行为，在毫不惊慌中忍受恐惧和痛苦，最终为了整个部落的利益控制并有目的地调整自己的力量和攻击性。

这在本质上说是在牧群中占有主导地位的公牛在遇到一群六岁男孩时的表现：它强大的力量，虽然被重视和尊崇，但必须有控制力，必须尊重那些小得多也脆弱得多的男孩，并且和他们合作——因为牛群长期的生存、乐趣和进化依靠他们。

在沙若仪式中，一个男孩通过扮演完全社会化的公牛的角色来成为男人，表现出他时刻准备着忍受痛苦而不还手。这种在生活中更有成就的阶段表现出脆弱的意愿让社区相信这个年轻人有能力为了部落的利益发展自己的力量。毕竟，一头缺乏自制的公牛，一头必须征服其他公牛而绝不后退的公牛，不能随意自由地闲逛，更不能随意信任它能照顾好自己的孩子。富拉尼男孩的勇气可能会因站在种族中最吓人而且最具控制欲的动物面前而唤醒。但是男人对未来家庭的价值还在于展示自己在接受命运的打击时的意愿、自我控制和骄傲，意识到风水轮流转，在明天或者明年，他就会站在更高的地位。

用这种方法，世世代代的富拉尼人参与到社交圈里的神秘仪式中——并不是练习如何变得有攻击性，而是掌握如何把攻击性和控制地位、领导力、日常哺育和伙伴结合起来。它们在过去数千年学到的课程也适用于现在定居人士，那些打算为了更大的事业有效地使用力量的人，而不管是男性还是女性。

作为富有远见领导力发展的比喻，富拉尼的人生循环揭示了无论你多大，当你需要迈出舒适区，走向未知的时候，你会不时地感到渺小和极度脆弱，就像第一次站在公牛前的六岁男孩一样。愿意直面生命中的挑战需要适当的技巧——不因恐惧和痛苦而退缩——就是赋予人格化的勇气。但这肯定不是你最后一次展示自己的勇气。事实上，在你觉得你有答案了，在你最强壮的时候，一些四肢修长、急躁易怒的年轻人手持棍棒叫你出去，这就是真正挑战的开始。

我们的文化对控制、领导力和非掠夺力量的理解非常有限。结果就是多数成年人在被限制发展的状态下开展工作，特别是当我们在工作、在学校、在教堂和最可能在政治上见到不成熟力量时。甚至尝试把决斗发展为沙若——在我们这里没有部落的支持和认可——需要非凡的智慧、勇气和自制。但是这个技巧我们必须在整个社会范围内培养和充实，如果我们希望能够对脆弱有强大的承受力的话。这样的承受力可以让我们超越不成熟的阶段，直接实现真正的控制。

勇猛与美好

毫无疑问，富拉尼部落的人很勇猛。他们对力量的理解比大多数现代的城市定居者更为深刻。可能这是因为他们的社会结构和那些凶猛但值得信任、好交际且温柔的被掠夺者交织在一起。对于富拉尼部落的男性牧民来说，接受脆弱的勇气在沙若仪式中得到了锻炼。事实证明，这种奇怪的违反直觉的仪式（和孕育的跨种族生活方式）鼓励这些年轻人以研究员觉得非常吓人的方式忍受苦难，感受爱、美和联系。

在保罗·理斯曼（Paul Riesman）1971 年的论文《不畏普适道德：富拉尼男人追求女人实例》（*Defying Official Morality*：*The Example of Man's Quest for Woman among the Fulani*）中，他描写了他在与富拉尼部落生活中学到的东西，他待他们如友、试着去遵从他们的规则和风俗。在十九个月里，他和妻子和这个部落一起迁徙，他被带进一种强烈的情绪亲密体验中，这个周游的人类学家差点没能忍受。要说的是，理斯曼对妻子仍然忠诚，但他的论文表明，他在通过富拉尼人的眼光去看待人生时，他更像是一个诗人，而不是科学家。

他的报告说，年轻人花费大量的时间作曲和歌唱。音乐把风景、季节、天气和女人融合在一起，将尘世和天堂的浪漫以最永恒最理想的形式展现个人的吸引力。用几行草草翻译的歌词，理斯曼展示了富拉尼人是如何把自然、抚育和爱在头脑中结合在一起的。

晚秋天色阴沉，雨水洒满大地，脖子上沾满泥点的母牛在饮水，让我们歌颂奥马鲁的女儿……

薄暮有强风，夜晚有雷鸣

让我们想起下雨的季节，让我们歌颂奥马鲁的女儿……

就算长途跋涉的牧童悲苦的吟唱也无法媲美在我们聊天和歌颂奥马鲁的女儿的时候……

彩虹；

和树林那苦涩的蓝色烟雾；

洒落的雨滴是冷艳花朵的细语；

花朵在温暖的时光中摇摆不停；

梦中的飞蛾在月光下饮水；

然后，大片冷静的亲切席卷而来，立刻抚平烦恼。

理斯曼被富拉尼女人强烈地感动了。他很享受和那些喜欢吟唱奇妙音乐的牧民在一起的时光。有时声音从远处传来，有时从打破一切规则的幽会中传来（但不知为何大家都默许了——在传统的穆斯林部落也是如此）。然而，他最终抵制了这些草原女神的魅力，不仅是出于对妻子忠贞，更是因为他完全被文化本身的亲密关系占据。他相信如果他是单身，他也会这么做。

富拉尼牧民的人生是非常值得过的。一个人在取名（出生后几天）之后就成了社会的一分子，但是他对社会的忠诚却是自愿的，不是被动或者强制的。我相信对女人求爱也是这样。求爱对他们的意义无法用文字表示，只能通过他们的诗歌，因为这种意义既明确又模糊，既有限又无穷。重要的是文化提供的生活中的善，这需要对个人性格的全面表达，这是他们竭力去做的。然而，这种寻找却不是我的。因为没有一种东西这样呼唤过我。

理斯曼在惊异于富拉尼部落通过关系培养自由的能力时，暗示了某种关键的东西。如他所见，这种力量和联系的结合创造了一个平台。在这个平台上个体也可以自由飞翔、茁壮成长。这并不是因为他（她）感到内心空虚，而是文化本身鼓励它的成员去热爱生活、热爱自然、热爱彼此，同时挑战这些人超越本身的直觉和局限。

“我觉得很多西方人都觉得我们的文化没有给我们留下努力争取的东西，”理斯曼总结道，“对我自己和有着同样感觉的其他人来说，这个研究是寻找我们缺乏的东西，而不是寻找我们知道自己想要的东西。”作者承认他的研究“开始于一种本质上和其余的世界毫无联系的感觉。而在富拉尼部落中，这个研究过程开始于一系列关系，在这种关系中人们发现自己和其他人紧密联系在一起”。

在他穿越富拉尼乡村的旅行中，这个冒险的人类学家和他有着同样冒险精神的妻子体验到了一种情绪英雄主义，这种情绪主义我们都可以准备发展，可以让人们以对待恐惧和痛苦的勇气和力量张开双臂迎接感情和美丽。

这不是幼稚的理想主义者路线。这需要把发展女性关怀、抚育的技巧和男性包含勇气、力量和保护的阳刚之气相结合。需要那些愿意通过沙若仪式和生活本身的乐趣感受自己的脆弱、改变并成为更伟大的个体的男人和女人。

第八章　隐形的智慧

【编者按】

面对现实问题时，人们总是显得有些应对乏力。这个时候，可以先放一放，转身回望一下过去，在古老的宗教中寻找一下对策。不论是在佛教、道教还是基督教中，这些宗教信仰虽然没有给我们指示现成的答案，然而一切答案都已经隐藏在他们的教义中了。

我们需要的，或许只是一个合适的契机。比如，一匹马的启发。

难缠的黑马

乌黑色的名叫午夜梅林的雄马从我手中挣脱绳索，弓背跃起，迅速转身，向我冲来，用后腿站起，用前腿踢打，对着一个不存在的东西发火。这时，好像钉着马掌的马蹄从四面八方向我袭来。我能做的只是站在原地，祈祷我足够勇猛，足以赢得它的信任。

“我想成为强大的人。”我不断对自己说，克制住在它毫无理由地反复攻击我时，心中那种想要尖叫着跑出训练场的冲动。为了遏制这种暴力，我必须利用一种力量，这种力量我都不知道是不是真正存在。但是首先我得克服对当时显而易见的事实的抗拒。这个事实就是温和、同情和理解并不能改变这种野蛮的力量。最重要的是，我必须宽恕它，宽恕它威胁要杀了我的事实，宽恕自己接下了这么一个荒谬而且反复无常的任务。而且更困难的是，宽恕误人子弟的训练技术，那种笨拙、愚蠢和不必要的攻击性方法把它变成了怪物。

午夜梅林是最危险的那一种雄马：强大、敏捷、聪明和愤怒。它的第一任主人，是新墨西哥州的一位名叫肖尼·艾伦（Shawnee Allen）的饲养员，她自己非常喜欢这匹非常自信的骏马。这匹马很少有人骑，也未经正规训练，因为它的埃及一阿拉伯血统和令人惊叹的姿态让它成为宝贵的种马。当想骑马出去走走时，她有其他更冷静的马可以选择。大多数时候，梅林就在树草相间的牧场上自由地跑来跑去。在它没有交配任务时可以绕过围栏和那些去势之马玩耍。

在这匹马十岁时，肖尼把它卖给了当地一位名叫雷茜的备受尊敬的驯马师之后，问题就出现了。这个交易是用现金和让肖尼的其他小马接受训练完成的。但当几周后肖尼顺便来到这个女人的马厩中，看情况进展如何时，她发现梅林站在一个黑暗隔间的角落里，头被拴在两腿之间。“这匹烈马被宠坏了，而且破坏力惊人，”雷茜坚持说，“它需要学习这一课。”

肖尼当即决定要把梅林买回去，但是伤害业已造成。那匹行为古怪但是性情温和的马变得很吓人具富有攻击性，充满对身边走过的所有两腿动物的愤怒和不信任。肖尼不知道如何才能安抚它，带它走出日渐暴力和反复无常的状态。这匹马好像得了最严重的创伤后应激障碍，经常会有往事重现的感觉，这是很多士兵都经历过的。最后，肖尼遇到一个自信而且能说会道的驯马师，这位驯马师看起来能和梅林和睦相处。在承诺会让梅林恢复并可以被当作种马卖出之后，这个男人把梅林装上拖车，开走了。而一段时间后，在图森的一个牧场，梅林被驯马师丢弃了。

肖尼非常懊悔。她不止一次地想要做些对梅林来说对的事情，但每次都让事情变得更糟。尽管她爱这匹马，但她知道自己无法控制它。在和牧场主人讨论过之后，牧场主人把梅林介绍给我作为那匹黑色的名叫拉莎的阿拉伯马的配偶，肖尼决定最后再试一次。如果我能在一年之内跟梅林建立一致且建设性的关系，她就会把梅林的所有文件资料移交给我。如果不能，她就会把梅林带回新墨西哥，让它在牧场上度过余生。

非传统的尝试

在它得到第二次机会的时候，梅林作为我的老师的旅程就开始了。在这匹被严重伤害，有着强烈复仇欲望的马身上，我了解到亲切不足以抚平力量滥用带来的创伤。我必须变得更强大，但是这和其他人都期待的那种方式毫不相同。我必须调动我阴柔气质中的阳刚一面。不过，我自己一个人无法做到这一点。

我尝试了所有的传统或新式的训练和治疗策略之后，我对治愈饱受摧残、拙于社交的梅林的一线希望落在了利用整个马群的力量并发现合适的人帮我实现这个非传统项目的目标之上。我和梅林工作、玩耍、生活了十年，直到 2009 年梅林去世，我在某种程度上和资深牧民差不多，因为环境要求我平衡各种角色。这些角色包括控制者、领导者、助产士、育婴女佣和为成长中的黑马家族献身并值得信赖的伙伴。

因为骑它会很危险，我必须在地面上和这匹反复无常的马建立和谐的关系。尽管梅林并没有长角，它此前受过的创伤让哪怕只是放开它，让它和我心爱的拉莎和彗星一起生活和交配都是一场冒险。毕竟，它并未成长在一个雄马年幼时就得到整个跨种族部落的帮助的文化中。更可能的是，马匹饲养和训练的定居“文明”方式创造了一种未加限制的控制和游离的破坏性组合。这导致了梅林的精神失常。

我试着让梅林恢复的想法都被认为是异想天开，他们也对我的每个举动持怀疑态度。但当我2001年在梅格·戴利·奥尔默特至关重要的一本书《为彼此而生》中读到对富拉尼部落的描述后，我感到自己重焕生机，得到了支持。随后我马上读了我所能找到的关于跨种族社会的所有研究。洛特和哈特的洞察力帮我更好地理解了我和黑马家族一起发展的变革技巧。让梅林和它的孩子变得适合交际的努力教会我关于控制、领导力和伴侣的很多知识，正是这些知识让富拉尼部落的男性力量实现了平衡。同样重要的是，理斯曼关于这种生活方式产生深刻的亲密关系和通过联系来获得自由的论述。

最终，我很伤心地发现洛特、哈特和理斯曼四十年前所记载的富拉尼部落在2012年濒临灭绝。就像一度在南亚利桑那纵横驰骋的阿帕奇族①人，曾穿越这片马和我发现古代智慧的土地，非洲的游牧部落最终系统化地被定居生活同化，定居生活给他们带来贫穷、让他们失去和自然的连接、变得疑惑和沮丧（理斯曼注意到在20世纪70年代之前，富拉尼的语言中都没有关于这种情绪的描述）。

---

① 阿帕奇族（the Apaches）是最为勇猛的印第安人部落，与白人抗争达数个世纪。

就像是 19 世纪末的阿帕奇族，21 世纪的富拉尼也有自己的杰罗尼莫（Gernomo）（印第安人中传奇战士及阿帕奇族的酋长），他们勇猛地反抗了好多次。但他们最终接受了类似的命运。如果猖獗而普遍的对游牧生活方式的偏见没有在最后一刻被遏制，那么在这个世纪即将结束时，该隐会在非洲再次杀死亚伯。

宗教中的非掠夺智慧

道教、基督教和佛教教义的某些关键方面对我放牧梅林和随后更好地训练它敏感活泼的孩子，让它们更好地社会化来说是很有用的。虽然他们的经历和文化背景差异很大，耶稣、佛祖和老子都是非掠夺智慧的大师。他们都曾远离文明，花时间在荒郊野外思考与死生相关的问题和意义。他们回到文明中，带着他们对力量的违背直觉的理解，这种理解和残暴的力量完全不同。

这些社会创新者的独特性不仅在于他们在文明世界猛烈发展时所表现出的非掠夺行为，而且在于和文明世界隔绝并且有意教授情绪智慧原则（耶稣和佛祖尤甚）。这些原则在游牧文明中是自然激活的而且鼓励人们去：

1. 忍住非战即逃的冲动，更倾向于照顾和帮助的行为
2. 强调互相帮助而不是为有限资源而竞争

3. 发展出对脆弱的高度忍耐，足以忍受恐惧、痛苦和冒着爱和联系的风险

4. 意识到个人心智是在与他人的深度联系，特别是通过他人不断而且无偿给予的支持中成熟的

然而，千百年来，这三位老师的洞察力被与领导力的远见相关的另外一个因素所掩盖：宗教环绕着这些先驱成长。因为他们都以不同的方式强调人类智慧是嵌入在更大的智慧矩阵中的。如果我们可以触及这个矩阵，我们就能获得应对所面临挑战的创新解决方案。他们和这种神秘灵感的结盟显而易见：和耶稣、佛祖和老子时代的人都注意到这些人变得更聪明、更勇敢、更令人震惊、也更安宁。这些有魅力的老师演示了对人类潜能的更广阔理解。

因为他们最深刻的经历发生在“其他 90%的潜能”领域，所以尝试着去描述他们的发现看起来即模糊又神秘，这些发现潜藏在隐喻、比喻、经验仪式或是为了能够迅速启动变革过程而设计的技巧中。这种技巧大多是非语言的。尽管如此，他们的一些追随者也可以融合并践行这些原则。这和同时代残忍的征服者截然相反。

早期的基督教徒和佛教徒在传播他们那改变人生的看法时尤为有效。一些掠夺文明不得不承认并最终吸纳他们的教义，有时也只是为了控制这些宗教信徒的影响。所以随着时间的推移，当非掠夺视角的洞察力缓和人类攻击性的趋势时，文明的等级制度和对强烈的机会主义的关

注也影响了阐释和践行这些宗教的方法。

因为过度依赖语言交流和逻辑，加上日益与自然和动物断绝联系和因此产生的对生活的机械主义理解，这些事务的混乱状态在过去四百年间得到强化。在那段时间，主流科学粗暴地把仪式、神话和隐喻当成是迷信。而实际上，这些高度依赖语境的沟通形式是人们可以一睹非语言洞察力的唯一手段，这非语言洞察力是无法通过线性、有逻辑的语言解释的。

经过理性时代和技术发展的影响，现在的宗教人士纠结于同一事情的另一方面：找到可以如实证明或为古代著作的事实正名的方法。但是两千年前，科学方法还尚未发明，书籍都很稀有，信息多是口口相传，抄写员的受教育程度也不足以区分具体事实和情绪、精神事实。结果就是，宗教著作总是把真实的历史事件和象征性、富有诗意、比喻和幻想的解释、变革的圣礼和其他记录、探索以强有力的方式影响人的不可言喻的奥秘相混杂。

关于中国的圣人老子，我们所得的信息非常有限。一些历史学家认为他的名字是一个双关，同时意指“大师”和“老小孩”，可能是一群在公元前 6 世纪写了《道德经》的匿名圣人的笔名。但毫无疑问，这本书的作者是有远见的。在那时，敌对部落和城市中具有同样攻击性的君主政权在古代中国肆虐，道教代表着对这种哲学的巨大而且前所未有的背离。

在那个时代，女人和大多数男人都被当成那些强大残暴到足以夺取并竭力控制政权的人的奴隶。《道德经》劝诫人们要“知其阳”（积极、阳刚的原则），“守其阴”（滋养、阴柔的原则）。以这种创新的论述，老子静静地通过强调本性中的支持、仁慈的品质引导追随者缓和他们掠夺的倾向。更多的是，通过和“道”——宇宙中最原始的本质——结盟，人们能够实现彼此和睦相处。不是通过严格的人类法则，而是通过和赋予生命的力量建立灵活的连接，通过有目的而且适应性强的协调智慧相统一。

老子拒绝把“道”尊为神。毫无疑问，“道”的含义要比所有的祖先、自然精神和中国的众神更广泛，蕴含的品质比众神所代表的品质更多。“道”不是浮华、言过其实、复仇心重的，而是毫不偏心的。在他关于这个主题的众多隐喻中，老子将这种难以捉摸的原则描述为生存的根源，这种根源安静地在地下发芽、生根并滋养着成长，让种子成长，开花、枯萎，只为了再次开花。老子只把“道”归类为创造之“母”，也没忘记这也应包含“阳”，创造之“父”。他也强调每个造物同时都是“道”的某一方面的体现，而且在更深的一层体现了道教最基本的原则的全面影响：“万物负阴而抱阳。”《道德经》中阐明：“冲气以为和。”

人类的全息影像本质上是一个微型的宇宙。但是，他们并不是自成一格以获得力量，而是通过和他们反映出的原始力量来源结盟来获得。老子提出的“道”就是通过在做人做事上不拘小节，灵活谦逊以实现人与自然、社会的和睦相处，帮助人实现无为和非语言的创造性相协调。人类无法滥用“道”，因为他们必须放弃自己的野心以跟随“道”。“道”

本身是有道德的，因为它将个人的需要和天赋融入整体的轨道，通过持续、永恒变化的对立面转换，造成每个看到和看不到的、可以言说和难以言说的东西的产生。这是阴阳循环的象征。

《道德经》的作者花了很多时间从无数值得注意的显示了“道”存在的事情、力量和观点中研究无名、无形的“道”。对“道”的描述将其归类为“其他 90％的潜能”领域，这些是永远无法被定义或用语言表达的。不过，老子坚持认为这是可以习得并体验到的。“道”的首要运行原则可以在自然界中观察并有效获得。这也是为什么早期道教圣人经常在荒野中脱胎换骨，散发着巨大的安宁和智慧，说几句话，收几名弟子，又消失于世间，甚至再也不为世人所知。

但是，对于定居文化崛起中的社会进化力量来说，道家学说的吸引力很有限。人们不仅要大胆还要敏感，愿意去感觉生活，而不是用蛮力打出一片道路。他们要离开已知的保护，花时间离开种族，然后以某些方式做出改变，这些改变会让他们很难重新融入过去的生活中。所以尽管我本身更倾向于当一个圣人，而不是一个奴隶，我也必须体谅人们为了和家人和朋友在一起乐意忍受和放弃的现实。

对于所代表的对自由和联系的更广阔的理解，道家学说没有明显、有形的社会背景，但是它给人提供了一种平等和非掠夺方式通往力量的一瞥。每个人都可以直接接触“道”。“道”的繁荣并不以任何人为代价；它扶持每一个降生的独特个体，同时为了整体的福祉而运转。靠近“道”并不需要侍奉暴君，或是为了保护自己的利益而欺侮他人。就像顺流而下：你所要做的只是抬起脚，然后漂浮。你都不需要跳进水中，随波逐流，因为“道”已经在周围萦绕。你只需要在浮力中放松，潮水就会推你向前。

对大多数人来说，这种看上去很简单的理念实际上非常危险。贯穿《道德经》的始终，老子观察到文明最珍视的领悟和社会组织习惯与“道”的理念完全相反。不幸的是，老子描述的领导力、竞争和利己主义的低效形式在西方很常见，正如两千五百年前的中国。然而，这的确让现代人更容易理解典型的道教困境：当你的一生都在试图占有并控制河流，疯狂地游向上游时，任何劝你放手的建议都是对你的自尊心的公然挑战，而且很有可能也是对你祖先习惯的挑战。更让人烦恼的是释放后的感觉：当你停止挣扎，让河流负你前行，你看起来不仅像是在倒退，力量的激增还会让你有种濒死的幻觉。

在这一点上，大多数人都惊慌失措，疯狂地狗刨，挣扎着拍打水面以重获平衡。但是因为拒绝信任这种更大的灵活力量，他们沉重地、费力地、绝望地抗争，想要游回过去的地方，游回河流的源头——在这个过程中也没多少进步。因为水不断地向下游流去，在阳光下闪耀、在月光下闪烁、在黑夜中唱着轻柔的歌，那些反抗“道”的人大多数都在踩水。

娜基亚教给我的智慧

但是无论老子的名言有多么吸引人，它们从来没有近距离教导我什么是我需要知道的。它们是巨大蛋糕上薄薄的一层糖衣。在我三十一二岁时，现实需要而不是宗教的好奇心迫使我探索“道”更深一层的经验主义智慧——事实证明，我关注的是老子对中国封建军阀建议的对立面。

我出生在20世纪60年代，在女性解放运动之前，我被教导要服从，要成为“好姑娘”，要敏锐地觉察到其他人羞于开口的要求，以便安慰他们、支持他们和取悦他们，要让美貌胜过话语，同时拒绝婚前性行为。我的阴柔方面被流行杂志、电影明星和保守、偏执的父母过分强调、扭曲，向看似对立的两个极端延展。顺利长大成人——尽管离过一次婚、明智地再婚和放弃职业生涯的无数管理机会——我认识到自己甚至不想去了解阳刚方面：我所见到的有关竞争性、适者生存、领导力的幼稚的大哥大榜样让我十分恶心。

就在这时，马——非掠夺力量的大师——开始成为我最伟大的老师。经过数年的沮丧和反复试验，它们帮我理解了这种力量是什么——至少也让我开始了解这种力量不是什么。

当我在1993年买下第一匹名叫娜基亚的马时，我和很多人一样认为骑马会是很简单很自然的事情。在孩提时代，我对马术的野心被父母消解，他们要我上音乐课，希望我可以走出对马术的狂热状态。尽管如此，我还是得到允许，可以在集市和马展上帮朋友的忙，还可以清理马厩换取不时骑小马的机会。但这不足以满足我花时间和这些有灵魂的动物待在一起的愿望。我是说，独自待在一起。

于是，数年之中我都过着秘密的生活，在放学后偷偷溜向附近马贩的农场，和临时寄居的马一起欢闹。那个老头抓住过我几次，威胁要打我，但是我坚持了下来。就像一只鹿，小心翼翼、机警万分，灌丛是我的伪装。在他看来，我的踪迹越来越少。我穿过带刺的铁网，溜进后面封闭的牧场，知道马群会用无数种微妙方式警告我老头那恶狠狠的目光。

在那里，我会引诱最冷静、最友好的马去附近的围栏或树桩，悄悄地爬上马背。但是没有马勒和牵绳，马去哪儿我就得去哪儿。大多数时间，它们只是简单地吃草、无忧无虑、毫不费力地负载着我，迁就这个小小的用胡萝卜换取不正式骑行的两腿生灵。我花费数个小时抚摸它们闪亮的皮毛、拥抱它们大而强壮的脖子，同时感觉到平静、连接、拓展、觉察和着迷。现在我认识到，这是催产素在整个种族的高度传染作用。

一天，马贩去拍卖会了，我测试了在这些容易激动、年轻的伴侣之间成长的信任。我鼓励它们跑起来在我身边跳跃，有时引诱它们到篱笆旁边，让它们尽可能站立不动，好让我爬上马背偷偷地小跑一会儿或是策马奔驰。我会大笑、扑腾、紧紧握住它们的鬃毛，在它们意外转弯之时滑下来，惊声尖叫。在那五年里，我设法让父母相信我是爬树、捉蝴蝶、吃黑莓或是采野花去了，实际上我所做的却是——在去往农场的路上。他们一旦了解了我的真正兴趣，肯定会把我锁在房间里，让我去上比骑马更安全的课程。

然而，作为成年人，我发现马让我坚持了不同的标准。或者更准确地说，我自己坚持了不同的标准，假设这些自大、敏捷、千磅重的动物会接受我作为它们的领导者。按摩、苹果和穿行沙漠让我的第一匹马和我成为伙伴，但是这并不意味着它认为我是主宰，也绝不可能这样认为。

娜基亚，一匹深赤褐色纯种前赛马，在马鞍下表现得害羞、顽固而又倔强。当一切随它所愿时，我们不时能获得良好的骑行体验。当它试着把我甩下马鞍时，它所用的方式都让我非常害怕，有时它站起来打转，其他时候则是在拴在马桩时猛地一拉，扯断牵绳，绕着院子撒欢。幸运的是，我的帮手很快就来了。但事实证明，一个好的帮手是很难发现的。

我最早的驯马师曾反复告诉我说，我必须要“成为两个成员的族群中的领导者”，同时还要演示所有特殊的马勒、鞭子和控制方法。他们也发展出令人惊讶的统一的严厉表情、适时的拍打声和生硬、侮辱性的话语，这都是要我模仿的——用一种温和的南方人拉长调慢吞吞的说话方式。令人惊讶的是，不管我的教练或寄宿客人是在俄亥俄、印第安纳、纽约还是加州长大，他们在说“停下”来纠正某种不良行为时就像来自于得克萨斯或是亚拉巴马，他们并不关心这种方法是不是人性化。“马不太聪明，”他们坚持说，“如果你没有教会它谁是老大，你就会遇到危险（这句话也是拉长调慢吞吞说出的。显然他们觉得这是牛仔的逻辑，我这个敏感的傻女人不应该提意见的）。”所以，当我买下一匹马来放松，来逃避工作的压力时，我在马厩遇到了各种权力游戏，却不知道该如何处理。

在那时，我在很多场合下都是领导者或经理人。在大多数情况下，人们对我热烈、支持、非控制的方式的反应都很好。但是我被晋升或任命的都是业已存在的职位。不管是什么专业组织或是非营利委员会，我“主管”或是“主席”的名声在外，都被我那音乐评论家和记者的身份加强。我只是隐约察觉到人们尊敬我是因为他们有求于我——新闻界、关系、多播放几次音乐、资金、下一个爵士音乐会合算的特约演出——所以我并未花太多精力就调动了他们的积极性。我所拥有的力量是名誉、地位、话语权和启迪人心的观点。但是娜基亚对我毫无所求。我也发现它对恐吓和惩罚反应很不好，那些试图让它服从的方法当然也毫无效果。娜基亚和很多其他的马一样很困惑，甚至有些疯狂，因为过去和现在的驯马师所采取的方法非常有限，有时甚至是彻头彻尾的侮辱。

要在人与马的亚文化中成功，首先要了解这匹精力充沛的雌马渴望真正的方向、连接、尊重和领导：一个强有力的、集中且信任的存在，可以帮它直面恐惧、调整它的精力，随着时间的推移开发它的天赋。那种力量，那种存在和“道”很像。这种力量超越了文字和观念，从存在的不可见维度中得到了巨大的力量，通过跟随马的本能把“阴”和“阳”结合起来，导向一个更多产、更娴熟的方向。

抓住真正重点

理解这些就花了我数年时间，更别提写出来了。在我 2001 年写完自己的第一本书《马之道》时，我并未将自己的转变归功于东方哲学。当时我在强调如果我们想要在生活中超越自我，我们需要考虑力量、感觉、思想和关系的非语言和不可见力量。我厚颜无耻地把马当作非掠夺智慧的最高效的老师，训练位于心脏和腹部的模糊但深刻的智慧中心，这些智慧中心对于发展领导力的存在状态和情绪、社交智慧至关重要。但是，在十二年前，我并没有足够多的语言把这些东西简明地表达出来，主要是因为支撑我想法的研究并不存在。结果就是，我的第一本书有一种神秘氛围——有些精确，又有些误导——使得一些读者认为马和我发展出一种超自然的力量；到目前为止，这个过程中的一些元素我还是无从解释。艺术家、创新者和驯马师也在数个世纪面对相同的挑战苦苦挣扎。

在关于雷·亨特（Ray Hunt），自然马术的创始人之一的一篇文章中，记者赞扬了他的技术，描绘了他所能用文字总结的基本理念，然后引用了亨特所说的还有另一个无法描述的东西：“这个东西可以让所有一切奏效。我不知道这是什么。”撰稿人说她很“高兴”，因为“这个东西无法被包装、印在菜单上，像订购啤酒一样订购。但这是真的；可以被了解，但是这只能在当下了解”。

从那时起，我了解到这种东西实际上是几种、完全非语言技巧的组合。这些技巧包括时机、关注、自信、互为主体意识和身体信号，包括血压变化、肌肉紧张程度和呼吸（呼吸是马语的一种）。这也需要更令人印象深刻的能力来根据每时每刻这些信号的变化，做出灵活的调整——同时把最初的骑马和训练目标牢记在心。

一个伟大的驯马师可以看到其他人忽略的东西，并对细微的感觉做出反应，就算他并非有意而为。这也是为什么让他们教授所了解的东西是很困难的。这样的人因此产生的魅力、智慧和神秘的光环是令人敬畏的。这就是为什么一些人提到马术创新者时总会带有和对宗教领袖同样的尊重和赞赏。

这两个领域在很多方面都是相似的。19 世纪的马语者看起来像是驾驭了魔力，表现出圣人和魔法师的感觉。一些驯马师为了名誉和利益夸大了这一点，或许他们自己相信关于自己的报道。（在 20 世纪晚期之前，有着同样天赋的女人却不会大肆宣扬，因为她们的社会地位，从某种程度上来说，她们的生存都取决于躲避拥有神秘力量的谣言。）然而，掌握“另外 90％的潜能”并不意味着这些人可以控制超自然的力量。

尽管如此，这也让一些人把这些不可见、不可言的生存元素融入一套可靠的技能，这些技能可以驯服不羁的马。

正如佛祖曾对早期的门徒所说的，真正重要的教义“就像是一个人指着月亮告诉别人月亮在那里。沿着手指的方向，那个人应该能看到月亮。但是如果他只看到了手指，并错把手指当月亮，他就不仅丢失了月亮，也丢失了手指”。换句话说，任何只看到老师用来指向无形、非语言力量或洞察力的方法、隐喻、特殊习惯和装备的人都丢掉了整个重点。

真正有远见的人不仅会注意到整个文化之前隐藏或是忽略的东西；他们还帮助他人看到并使用这种东西。表达难以言说的东西成了创新者工作中至关重要的一部分，就像被误解时挣扎着说明问题的沮丧。我们不仅在谈论艺术和宗教。典型的“用手指月亮”的困境也适用于其他领域，特别是那些和领导力存在和社交智慧相关的领域。从这方面来说，马是作为可靠的催化剂出现的。帮助我们发现对超越自我非常重要的拓展的视野、赋权、承认其他的当前无法言说的技能。

第九章　无为而无不为

【编者按】

在面对问题时，我们总是习惯于绞尽脑汁地去思考解决办法。然而在很多时候，我们微薄的力量难以控制事情发展的方向。

佛陀和老子在这方面给了我们深刻的教导——无执、无为。这种看似消极的应对方式实际上蕴藏着大智慧。把问题交还给事情本身，顺其自然反而能促成问题顺利地解决。

作者也据此找到了治疗梅林伤痛的方法。她用自己的无为换来了马的信任，建立了一种人马相互联系、相互依赖的关系。

无执与无为

那些追求用心灵的方式解放思想的人，经常指望能从佛教和道教教义中得到帮助，但是午夜梅林不要求我找到一位宗师或者服从任何信仰体系来锻炼正念。它坚持——有时通过死亡来威胁——我要迅速发展这种能力。但是我也知道这对我来说意味着太多，我有一群更温和也更有经验的老师正在后院津津有味地吃草。我经常把它们当作能矫正技巧的有耐心的导师，这些技巧对我并不灵光的大脑来说非常有挑战性——我那顽固的自我经常不愿接受。

马展示了人类通过更加正式的冥想技术可以获得的很多看法，包括如何与现实完全接触。人类看起来很难把握、收藏、控制和竞争的东西看起来对这些高度社会化、非常警觉的游牧的被掠夺动物来说轻而易举。马本身就体现了佛祖所倡导的无执的状态。在野外，它们不保卫领地、筑巢、住在山洞里或是为了过冬储备坚果。它们毫无防卫地跟随自然的节奏迁徙，跳过积雪，在清冷的春天早晨寻欢作乐，在平滑的草原上安静地吃草，同时对远处掠夺者保持敏锐和持续的观察。它们在遇到危险时反应迅速，也表现出从创伤性事件中恢复的非凡韧性。它们不会反复思考过去遇到的不公，不会用无尽的关于上帝发明狮子是多么残忍的对话遮蔽它们的远见和对生活的享受。

当我意识到我没有足够的技巧驾驭娜基亚时，我也感到很受挫。更让人灰心的是，我找的第一个驯马师的技术让它更混乱也更沮丧，更叛逆也更暴躁。好多人都建议我卖掉这匹“危险而且不合作”的雌马。幸运的是，我找到了一个温和、有经验的女人——这个女人拥有一个小农场——她很欣赏这匹前赛马的精力充沛的本性。在娜基亚走上拖车，驶向远方时，我开始寻找合适的驯马师和合适的马。

事实证明，我没有找到完美的组合。不过，我发现一些更有趣的事情。在和一群反抗传统驯马技巧和课程的马在一起时，我拓展了自己有限的关于人马关系、自然界本身，特别是关于“共享意识”，拓展洞察力、服从和创新的理解和认识。在这条路上，我开始理解（直觉上、情绪上，后来在智慧上）那些古代的驯马传说告诉我们的，那些天才领导者所拥有的非语言天赋。

老子观察到“祸兮，福之所伏”，指出了可能是最有说服力的道教矛盾，这个矛盾是我那群日益壮大的马群不停在挑战我、让我接受的。在和这些非凡的动物一同生活、工作和学习了二十年，把它们的出生、死亡、成功和苦难当作写作主题之后，我可以真诚地说，最深刻的改变恰好发生在事情没有按我的要求发展——当我最信赖的工具、想法、驯马方法和合作策略失败，我无能为力的时候。

相比其他哲学，道家更重视这种困境。虽然刚开始会很沮丧，甚至不知所措，但在最佳意义上可能改变人生（如果我们采取一个更创新的方式的话）。很奇怪的是，老子最强大的策略和无为有关，无为也就是“不作为，不强迫”或者“不抗争”。无为不是建议“什么都不做”。这不是建议打包回家，不是通过掩饰当前环境下的挑战性因素来实现。这是要求暂停人类决定什么该发生或是什么不该发生，转而关注什么正在发生——不要畏首畏尾、逃跑、一厢情愿或是试图强势地控制整个局面。

开始，看起来像是你什么都没做，因为在用尽了所有的速战速决方案和习惯模式之后，你最终开始分析阻碍之前前进的被忽略的动态：感觉、行为和其他更微妙的非语言精力、过程和洞察力。无为需要比大多数人认为的更大的勇气。这其实很像在沙若仪式上被挑战，只是这一次，你不是被棍棒打；你必须保持存在状态，忍受并清晰地思考以度过不知道该做什么的十足的混乱和羞辱。

在整理这种敏锐的洞察、完全投入的耐心的过程中，你开始注意到“什么希望发生”。意想不到的解决方案开始在意识的地平线上浮现，而且看起来是主动出现的，营造了一种被更高的智慧接管的神秘感觉。考虑导致之前那只能在有限世界观的环境下发挥作用的受制约的反应，这看起来像是一种高于自我的东西正在被激活。

艺术家经常把这种关键的转变描述为“灵感来了”。老子把它解释为“与道结盟”。犹太一基督教创新者将其描述为一种“服从”的行为，可以让他们接受“上帝的引导”。在影响广泛的，美国公共电视台的《神话的力量》系列中，约瑟夫·坎贝尔（Joseph Campbell）和记者比尔·莫耶斯（Bill Moyers）讨论了感受到“被隐藏的手帮助”或是有“看不见的支持”的同样感觉。

同样，科学家也碰壁了。报告说在他们穷尽所有逻辑结论和传统策略后，却得到意外的结果，他们承认这是某种挫败。人们后来拥立为天才的人并不一定比同时代的人更聪明。他们轻易突破了那些拖人后腿的古老范例——牺牲某种珍爱的信念或是承认一些广为接受的科学“真理”是不完整的，让新信息流入，耐心地等待一个有机的潜意识整合的产生。这些人可能看起来放弃了数日、数周甚至数年。但是实际上，他们寻找解决方案的动力，他们对这个主题的痴迷从未动摇过。

是马教我放松到这种恼人的放手过去、展望未来的中间状态。它们也揭示了无为的艺术需要放松对传统和理想结果的执念，但不是和情况分离。关心所涉及的其他人是很必要的。信念也很有帮助：就我个人而言，就人类尚未认识的潜力而言，就自然界的仁慈和智慧而言都是这样。实际上我得承认宇宙运行的原则是可以启发精神和心灵的。如果我执拗地坚持任何信仰体系（从科学的适者生存的信念到宗教原教旨戒律、新世纪乌托邦主义和一些现代美学家失联、机械的、虚无主义视角），我就会失去进化的重要机会，也就不可能深化我的知识，更好地享受人生了。

让我举几个例子说明一匹“有问题的马”是如何带我进入成果丰硕的无为阶段、拓展我的洞察力、启迪创新的吧。

在一个敏感、大胆的驯马师的帮助下，我有了从头开始训练一匹聪明、温和的马的特权。和拉莎在一起的第一年美妙极了，简直是梦想成真，我们一起在沙漠里徒步走很长的路。后来，让我非常满意的是，我可以骑着它走完这段路。然后在 1994 年 8 月的非常重要的骑行中：一只黑色的巨型罗特韦尔犬追赶我们跑进一个深深的沙层中，让拉莎的右后腿受了伤，X 光片表明这条腿是先天性多关节挛缩。

那天，我正式被宇宙禁足了，宇宙轻而易举地打击了趾高气扬的我，逼我做出关键抉择。我要不要挽回一些损失，把拉莎当作育雏雌马卖掉呢？这是大多数朋友都建议我做的。我要不要再买一匹更好、更强壮的马，重新来过呢?

一些令人着迷的梦想和难以形容的情绪鼓励我，反抗所有可能的逻辑，留下了这匹雌马，因为它深情的眼睛在安静中对我说的比任何人用语言说的都多。我无法甩掉这种感觉，那就是它有很重要的东西要教我。然而，它的受伤让哪怕是带它走过沙漠或是做最简单的原地训练都不可能。在一些渐进式的治疗措施之后，有人建议我把它寄宿到牧场六个月，祈求它好运，让大自然决定它的命运。

在那时，我们的联系很密切，这也是为什么我不愿意把它卖掉。我们的相互联系也让解开它的绳子，让它走开半年成为不可能的事。但是在那时，很少有人尊重我们的联系。人们认为马为是不聪明、纯粹的本能动物，无法感受也无法表达情绪。一些当地牧场主人甚至都不给马起名，因为他们相信这些动物“不够聪明”，无法回应——我和拉莎遇到的每一匹马都能证明这是谬误。但是，人们仍然讥笑我的“千磅重的宠物”。所以数年之内，我们基本上是躲了起来，在一个地方交流，那里可以躲开大多数马主的讥笑。

与此同时，我不断提高我的驯马技术，开始我是在一个阿拉伯马匹繁育场，我把拉莎留在后面的牧场和几匹寄宿的马在一起。在白天，我学习用传统方式驾驭雄马、哺育雌马、给小马断奶、训练青壮的马。在人们离开之后，我就在同拉莎和它暂时的种族交流中学到同样多的事情。

因为我无法训练也无法骑一匹受伤的马，所以我不得不在六个月内无所事事。这意味着每天我花数小时跟它和六匹其他的马漫无目的地在牧场闲逛。在那里，我观察到各种惊异的行为，和驯马师教给我的关于马的本能、控制等级和行为的知识恰恰相反。那些知识遮蔽了我对人马关系如何提升两个种族的心理、情绪和社交智慧的理解。

我想要和它在一起，不管它是不是仍可作为骑乘的马，带我一路走向意外的丰硕之路。我最初买下这匹雌马是为了逃避现代文明的压力，我学到的是不得不放弃有局限性的人类议程，睁开眼睛了解全新的存在方式，不仅和马，而且和人。

通过接受这些隐藏的天赋，虽然这些天赋看起来像是悲剧，我获得了信心，可以开放精神和心灵去接受生命的意外课程。我放松身心，进入“道”，感觉到潮水正带我奔向潜能的汪洋大海。

无为换来信任

1999年，当我接受肖尼·艾伦的建议，让午夜梅林恢复时，我并没有心理准备，不知道它会用那么多方法一视同仁地攻击马和人。一开始，我都无法走进马厩，给它套上缰绳，除非经过激烈的抗争。当我成功地离它足够近，可以摸到它时，它就会向后跳，用后腿站起，就像被赶牛刺棒戳到一样。在那时，显而易见的是传统的马鞍、马勒、牵绳和被蒙蒂·罗伯茨、雷·亨特和巴克·布拉纳曼等自然马术迷使用的自由渴望程序都会不时地、不可预测地唤起它的情绪，让它进入盲目愤怒的状态。那个把它抛弃在图森的驯马师也使用了同样的技巧，却收到危险而且不一致的结果（梅林那天一定把他吓坏了，因为他突然出城，甚至没有花时间告诉肖尼这匹马在哪里。牧场主人花了几个月的时间才发现肖尼的信息和住址）。

在我用很多同样的方法评估梅林的反应时，也受到同样的打击。在经过一段时间的行为观察之后（其实更像是经年累月忍受它的行为并从中幸存)，我发现它“一贯古怪”的创伤模式。梅林看起来在努力保持冷静。然后，忽然之间，毫无预兆地，它就进入癫狂状态，它会向我冲来，站起身来龇牙咧嘴地攻击我，或者转身走开，疯狂地转圈跑。这样它就失去平衡，滑向一边，有时会滑动四五米之长，穿过训练场撞到围栏上，擦伤皮肤，躺在那里，十五分钟一动不动，身上满是汗水，双目茫然，像是要赶走一个幽灵，而它的脉搏在疯狂地跳动。这样发脾气看来令人心碎，如果你恰好在它身边时又会觉得恐怖至极。

与此同时，梅林如此讨厌触摸，这使得经验丰富的马按摩医师、T型触摸专家和动物针灸医生都无法靠近它。当任何训练技巧都能让它进入偶然、不可预测的愤怒状态时，用手抚摸皮肤肯定会瞬间激怒它。为了避免对它造成持续的伤害和创伤，更是为了不让参与的人受伤，我进入一个我称之为英勇的无为阶段。在开始的前一两周，跟梅林在一起什么都不做，就已涉及高度的警觉和一些重要的自我防御技巧。

这个策略看起来非常简单。我决定去看我究竟要离它多远才能让它安静下来。我的目标是从那个地方开始，然后每天一英寸一英寸地慢慢靠近，直到最终可以摸到它。和我预想的不同，我发现梅林每天都让我站在同样的地方，离它大约五英尺。如果我倾斜身体靠近它，它就表现出非战即逃的最初迹象。所以我把目标设置得更简单。考虑到安全，我可能会一直站在那里，直到梅林信任我。我每天花十到三十分钟站在马厩里，站在它身旁，手握鞭子保持中立状态以防梅林要攻击我。当然，它已经越来越不倾向于这么做了。一周之后，从梅林的反应看来，很期待这种对彼此毫无要求的陪伴方式。

在那里站了好多天之后，我最终发展出一种放松但高度警觉的状态——出于需要。如果我屏住呼吸、绷紧身体，梅林也会这样做，这意味着它可能会走开也可能会攻击我。考虑到我或者它提高的生理反应，有时判断“谁挑起的事端”是很困难的。因为梅林的行为会迅速改变，谁挑起的其实无所谓。我必须马上解决当前的情况，否则事情就会失去控制。然后，我开始思考和做出反应，不是根据谁恐惧、愤怒、焦虑，而是根据恐惧、愤怒和焦虑在人马关系中出现的时间做出反应。通过注意自己血压、心率和紧张的轻微升高，同时坚持自己的立场，我可以在五英尺的范围之外让梅林冷静下来，甚至用不着挥舞鞭子——如果我注意到最早和最细微的改变并立刻采取行动让身体冷静下来，同时展示我的力量和权力。

让我们谈谈雄马诱发的正念训练的好处！这不只是注意到什么正在发生。这是关于感官、关于迅速缓解身体对紧张局势的反应，同时关注另一个对象，让它在过程中冷静下来。梅林需要一个可以在远处帮它调整失控、饱受创伤的神经系统的人。在学习这么做的过程中，我已经成了掌握这种能力的高手。

随后历史上很多驯马传说所指明的东西都变得显而易见：非凡领导者的非语言、身体天赋足以控制大型动物的恐惧和攻击行为，他们也必然能控制大群人的恐惧和攻击行为。想想华盛顿的马站在枪林弹雨前，激励数百名连鞋子都穿不上的士兵做出同样英勇的行为，虽然他们身体的每一个细胞都在大喊“撤退!”；想想悉达多在赢得耶输多罗的芳心前要驯服暴躁的马所需的高级的身体、心理和情绪自控力。

和马在一起，佛祖在发展重要的非语言技能上得到了很大帮助，这些技能为他在三十五岁时实现顿悟做出最后的飞跃。佛祖努力在随后的四十五年中教授这些终生有益的心理、情绪和社交智慧原则。他时而清晰雄辩，时而含糊神秘的教义所指向的现实从未被完全转译到文字中。

从这个角度出发，我们可以清晰地理解为什么他的自我控制方式叫作法则（dharma)，这个梵语词是要把宇宙的准则和自然现象以及人类心理结合起来，最终创造一个动态、和谐的相互依存关系。

在接受让梅林恢复的挑战之后，在寻找勇气面对这种啼笑皆非的危险任务中，我的心理一身体的洞察力也得到加强，超越了任何我可能知道的东西。十年后，一个慢慢发展的积极反馈循环开始成形。梅林迫使我超越传统的知觉、习惯和技能。梅林拓展了这种习惯和技能，它的种族和任何与它有过接触的人都拓展了这种习惯和技能。这并不总是条轻松的路，我有时觉得像是半夜三更从仙人掌中开路。尽管如此，我们彼此协调进化，让我们褪去限制的恐惧和信仰，开始信任彼此。

梅林在三十二岁死去，两年之后，我读到了佛祖和犍陟的记述，这很快就吸引了我，因为这里有人类和动物相互进化的第一个文献记载。如果悉达多熟练而且同情训练的马也在训练他，在身体和心理两方面带领主人远离他等级森严、物质至上的父亲重兵把守、与世隔绝的王宫之后会怎样？传说表明，在这个过程中犍陟也超越了本能，进一步发展出自己无执的天赋，拓展了自己和种族的洞察力和非掠夺力量，后来实现顿悟，成为大彻大悟的佛祖的弟子。

和梅林在一起，我发展出一些宝贵的恢复技巧和对人马关系的深刻了解，接触到一些洞察力，我后来可以试探地描述这些洞察力，尽管不是每次都能转译成语言。但是承认我们同时分开但又不分开是最强大最优雅的黑马奥秘。佛祖描述这种原则为“依赖共生”。一行禅师称之为“你中有我，我中有你”。梅林给我一种动态、直观的印象，我站在它旁边变得渺小而富有耐心，而不仅在等待一个训练方案。事实上，我不知道一匹四条腿的生物能对我有什么启发。

人马共生

梅林在实现自控并和拉莎、彗星住在一起之后，繁育了三个儿子，也见到了它的孙女，甚至还教会我的学生如何把放松但高度警觉的状态和力量结合在一起。我经常在日落时站在它身旁，有时看着满月从远山升起。几分钟的平静在远处连接之后，它也经常走向我，温和而尊敬地想要我给它抓痒，甚至是长时间地按摩，但它仍然要求我对它不再那么善变的情绪保持敏感。在从最初的紧张恢复后，当它得到了满足后，我会安静地把它推走。它就再一次，站在我身旁。

在寒冷沙漠之夜的寂静中，我感觉到模糊但无法忽视的联系正在我们之间形成，就像一个观点，被我们的组合启迪，挣扎着表现自己。我深呼吸，让它充满我的心脏，进入大脑里，在大脑里这个观点爆发成图像，迅速分解为文字。一个安静的声音伴着温和的晚风低语。很难说清这个洞察力是来自梅林、来自我还是来自围绕我们的轻柔而忧郁的月光，或者三者都有：“我们就像月亮，阴晴圆缺都是通过其他天体的相关关系运动表现的，这种运动看起来遥远从容。但却改变了其他星球上的海洋，反射给我们不能隐藏或者储存的光，帮助旅者穿行夜晚的遥远旅程。”

面对这样意外的诗篇，我的身体稍微有些紧张。梅林摇了摇它的鬃毛看着我，它黑色的眼睛显得朴实平淡但又超凡脱俗。

“这，”它安静地通过在我们之间涌动的欣赏表达，“是宇宙之歌的主题。”

第十章　平和之道

【编者按】

压力会激发我们的不良情绪，而不良情绪会让我们丧失判断力，犯下更多的错误。

这一点，在政客身上体现得尤为明显。若是政客缺少了从容镇定的心态，有可能给社会带来混乱和动荡。

如何应对压力、保持平和心境，是我们每个人都值得深思的地方。

有趣的压力测试

想象一下，如果要一群患有慢性高血压的财务顾问进行棘手的数学运算——不能使用电脑。然后提高要求，让这些已经非常激动的人练习对那些财务受损的客户的说辞。

这就是凯伦·艾伦（Karen Allen）在20世纪末提出的压力测试，她的意图既非惩罚也非虐待。这位成功的科学家只是想评估宠物对新人类产生的影响，这些人并没有和他人分享自己的生活。所以她选择了一个特别顽强的人群：未婚、患有高血压的股票交易员。

如我们期待的，每个参与者的血压在第一阶段的数学运算中都升高了。第二阶段的试验需要所有四十八个压力测试对象服用一种效果非常好的抑制剂。这种药物是用来治疗高血压的。药物成功地将他们休息时刻的心率降到正常范围。随后，她随机选出一半的股票经纪人，让他们从当地动物收容所收养一只猫或一只狗。

六个月之后，他们回来参加第二轮的“大脑体操”。这一次，研究员对这些人增加了显然很不舒服的元素，要他们把“坏消息”告诉臆想中的客户（华尔街的未来尚不可测，这无疑是很好的训练）。在这些人练习对心理和情绪都很有挑战的任务时，他们的血压都升高了。但是那些只服用药物的一组所体验的压力反应水平，比那些和宠物一起参加测试的幸运的股票交易员高一倍。而后者甚至都没有抚摸他们的宠物！这些无拘无束的动物只是安静地趴在他们旁边或在房间里自由地漫步。

在听到这个惊人的结果时，控制组的几个试验对象决定在试验后收养一只狗或一只猫来扳平比分，充分利用动物伙伴的冷静、支持的存在状态——而这种支持也只有动物可以提供。

在纽约州立大学布法罗分校，艾伦研究社交行为产生的生理反应超过十年之久。在她聚集起一群疯狂的股票经纪人时，她已经研究过可信赖的人类伴侣是否可以对压力和表现施加同样的效果。在一个研究中，四十五个女人做了同样的数学测试，第一次在试验室有一个女性伴侣作陪。在每一组测试中，试验对象都和设备连接，以测量脉搏、血压和皮肤电导反应。这些朋友可以选择用自己的方式对试验对象进行支持，但是在测试的任何时候都没有碰实验对象或是跟她们说话。尽管试验对象可能会在把狗带进实验室时抚摸它们，这些动物也可以在房间里漫步，但参与者也没在过程中抚摸四条腿的伴侣，所以排除了抚摸的作用。

人类的伴侣是亲密的朋友，不是同事、也不是竞争者。尽管如此，压力读数在这些朋友陪伴时无疑是最高的，在试验对象独自参加测试时读数明显降低，在试验对象的宠物在身边游荡时读数更低了。参加这次任务的试验对象在有女性朋友陪伴时的平均脉搏接近每分钟120次，试验对象独自参加测试时是每分钟105次，而在有心爱的狗在身旁时读数则低于每分钟75次。血压和皮肤电导测试读数也表明了类似的巨大差异。

艾伦和同事在1991年发表在《人格与社会心理学期刊》的论文描述了试验结果："显然，一只宠物狗不仅是亲切、熟悉的，可以分神的东西。考虑到测试表现情况并未考虑在宠物存在时，试验对象在家或者和其他试验对象在实验室的控制情况，我们可以假设试验对象在宠物存在时并未被宠物分心，仍能专注于工作。"然而，女人在女性朋友陪伴时准确率会略低，支持了之前研究表明的，"在相对新奇或未知的任务中，其他人的存在增强了动机但削弱了表现。"

以炫酷的科学方式，艾伦在同一篇论文的脚注中推断"宠物缓解压力的角色可能会部分解释了，它们对人类的功能意义和它们在家庭中的历史意义"。试验对象本身更是热情洋溢。在试验后的访谈中，"几个离异的女人说丈夫可能会在，也可能离开，儿女可能长大离家，但是狗狗会永远在家陪伴你。有人告诉我们，宠物从来不保留它们的爱，它们从来不会生气、不会离家，它们不会出门寻找新主人。"所以，那些和动物分享生活的人们不仅在下班后更放松，也可以在恼人的数学运算中表现得更精确、更轻松——虽然身上还连接着电线和电极。

从政的情绪代价

尽管“表现焦虑”是一个流行的表达，但是对这种我们在他人面前做一项任务，特别是一项新任务时所体验到的压力有一个更具启发性的科学术语：评价恐惧（evaluation apprehension）。不自觉的身体反应表现出潜意识对我们所遇到的任何人，不管敌人还是朋友，都在评估我们所做的一切事情的假设，对我们的影响有多深。更恼人的是，这种血压和脉搏讨厌的升高让我们变得局促不安，犯下更多的错误，增加了学习任何事情的不适感，更无法试验真正创新的观点和行为，让我们越发不愿意尝试某种不熟悉的事物——不管我们的旧习惯是多么的低效或者有破坏力。当有人在身边时，包括家庭成员在内，我们所经历的严重的评价恐惧也说明了为什么创造天才都倾向于隐居，为什么最广为影响的社会变革的代理人，包括佛祖、耶稣和穆罕默德都花了大量时间在自然中探索。

现代社会无情放大的越来越严格的审查，特别是媒体的审查，削弱了我们清晰思考的能力，创新更是大受影响。不去管开给民主的空头支票，越来越激烈的资本主义竞争态势张扬跋扈，天生掠夺性的领导者，这些人享受每一场争斗。但是一个算不上坏的消息是：反社会人格在我们当前体系中有更大的优势。因为他们受损的感受恐惧的能力、他们伤害他人时表现出的毫无懊悔之心、曲解真相或是谎话连篇，加上他们能说会道的非凡天赋和令人愉悦的反驳本领，反社会人格天生就适合抵抗评价恐惧对个人的影响——同时使用同样的现象去操纵和恐吓其他人。对于一个有同情心、远见和自尊的人来说，这要花费他们超乎寻常的勇气和自我牺牲才能步入战局。结果就是，我们无须因复杂的阴谋论去担心自私、独裁的领导者会夺权。我们离自然界和动物的催产素促进作用和抑制压力的作用越远，我们的文明就越容易选择攻击性人格和反社会人格。

从这方面来说，政治是终极的恐怖屋。评价恐惧和我们领导人在执行最简单的任务时所忍受的各种混战、诽谤中伤、讽刺挖苦、侵害名誉和十足的卑鄙相比，根本就是相形见绌。这种情况在过去 250 年并未有多大改观。同样的人际闹剧、蓄意欺骗和反复无常、吹毛求疵的评论只是传播得越来越广泛和越来越迅速——被谱上曲并带有更好的视觉效果。

“老狮子”杰克逊

因为华盛顿的离开，美国民主的开端更像是一个短视、卑劣、两极的独裁专制而不是集体智慧的民主共和。人们不需要枪就能滥用权力。美国历史充斥着野蛮的口头和书面攻击，这些攻击残忍地对待我们的领导者，阻止他们发挥在职时的最大潜能。或者更讨厌的是，这些同样下流的手段造成一个无辜的旁观者死亡，尽管主要的受攻击对象仍然坚持顽固地承受着压力。其中最清晰的例子就是另一个成为总统的技艺精湛的骑手：安德鲁·杰克逊（Andrew Jackson）（美国第七任总统，民主党创建人之一）。

被认为是履职最粗鲁也是最强悍的蛮夷人物，杰克逊在很多领域都表现得非常勇敢而且天赋异禀，但是他严重缺乏情绪智慧：很容易就感到羞辱，迅速进入战斗状态，而一旦投身于一项事业就会毫不留情地为其辩护。和用移情、自制和非掠夺智慧来缓解自己攻击性倾向的华盛顿不同，杰克逊自豪地接受了“老狮子”的绰号。他会非常凶猛，冒着非常大的风险，忍受非常大的痛苦以赢得挑战的胜利——不惜任何代价。虽然他因打赢了1812年战争的终结之战——新奥尔良战役而广受赞誉，但他暴躁的性格却让人恐惧，心生敬畏。而他也利用自己的性格为手段进行关系管理。杰克逊的独门武器让他在1828年的选举中大获全胜，但根据现代标准，这场竞选无疑是最下流的。

部分原因是杰克逊本身的行为就备受争议。他的对手约翰·亚当斯的支持者使出浑身解数，公开声称杰克逊是谋杀犯，因为杰克逊曾参加一场决斗，而且后来他还处决了六名战场逃兵。面对这样的攻击，杰克逊意外地开始传播亚当斯的谣言，说亚当斯在担任驻俄大使时，曾经给沙皇进献了卑鄙的礼物：一个年轻的美国妓女。

但最终是杰克逊的妻子瑞秋付出了代价，她嫁给第一任丈夫的不稳定婚姻成了重要的政治议题。当时人们就几乎四十年前的事情公然拷问这对夫妻：瑞秋什么时候和第一任丈夫离的婚，什么时候又和杰克逊同居。尽管杰克逊坚称他相信瑞秋，当他们在18世纪90年代早期结婚时，她已经离婚了，但当时（现在也是）官方记录很模糊。后来，这场运动升级了，亚当斯的支持者指责瑞秋通奸和重婚，杰克逊被指责为谋杀犯、通奸者和破坏别人家庭的人，但是这些指控只是助长了他急于求胜的本性。杰克逊的支持者拒绝丝毫的让步，也加强了他们的指控，公然声称亚当斯为皮条客，坚持说他拉皮条的本事解释了他外交上的成功。

杰克逊不知怎么地赢得了竞选。但是，在他宣誓就职之前，瑞秋死于心脏病发作，据报道说是惧怕华盛顿上流社会未来四年的羞辱、玩笑和嘲讽。在那一刻，杰克逊最精明的对手一定感觉到比懊悔和残忍的满足更多的恐惧。虽然有过一场决斗，杰克逊是不是可以被认为是谋杀犯还很难说，事实仍是杰克逊因为被羞辱射杀了一个男人。相比之下，新总统声称他们谋杀了自己的妻子比这要严重得多。

“棍棒和石头也许能打断我的骨头，但是言语却永不能伤害我。”对于这句古老传言杰克逊并不相信，他也曾在二十多年前积极证伪。1805年，在他四十岁之前，他冒着被击中的危险维护了自己的名誉，击伤了一个称他为懦夫的人。这场事故涉及一位名叫约瑟夫·艾文的纯种马饲养员，他在杰克逊的马，特拉克斯顿（Truxtun）主导的赛马会上退出了。这场比赛最终改期——特拉克斯顿赢得了比赛，杰克逊收到一大笔钱。然而，琐碎的长篇大论却在信件中传递，并最终传到了新闻界，导致了未来的总统和艾文的女婿查尔斯·狄更生（Charles Dickinson）的决斗，查尔斯不仅公开贬损杰克逊，还私下里贬低瑞秋。在一场史学家无法证实的谈话中，狄更生最早传播了关于通奸和重婚的谣言，这些谣言在时间中蓄积着力量，在二十三年后对杰克逊敏感和忠诚的妻子造成了致命伤害。

现在就是关于决斗最令人震惊的部分：杰克逊知道对手是个高超的神射手。但是“田纳西雄狮”诡计多端、性情乖戾却非常有勇气。他明白如果要赢得胜利他必须第二个开枪，所以他鼓起勇气让狄更生开了疯狂的第一枪，希望不管子弹打到哪里，他都能够忍受痛苦直到瞄准并更致命地击中目标。根据他的传记作者 H. W. 布兰迪（H. W. Brands）记述，杰克逊“对自己在手枪对决中不被击中的能力有很大的信心”。如他后来鼓吹的：“我应该击中（狄更生）了，尽管他事先击中了我。”事实证明这并不是夸大其词。在《安德鲁·杰克逊：他的一生和他的时代》（*Andrew Jackson: His Life and Times*）中，布兰迪描述了这些影响深远的争端的细节：

狄更生举起手枪，以更平静更老到的方式扣动了扳机。烟雾飘散，枪声消失在周围的树林中。狄更生惊奇地发现杰克逊仍站在原地，很明显未被击中。杰克逊的脸庞和牙齿一样可怕，他举起手枪，无情地盯着狄更生的眼睛，然后扣动了扳机。却什么都没有发生。杰克逊检查手枪时，才发现击锤没有完全翘起。他翘起击锤，重新瞄准，然后开枪。子弹穿透了狄更生的肋下腹部。狄更生一头栽倒在地上。

杰克逊被击中了。子弹离心脏一英寸多一些，“撕裂了杰克逊的胸骨和肋骨，虽然造成巨大的痛苦，虽然流血很多，但并不致命——如果没有感染的话”。他跨上自己的马，回到附近的客栈，狄更生就被带回朋友家中，在那里“他继续生存了几个小时”最终“随薄暮一同逝去”。

杰克逊的自控力足以忍受子弹，却忍受不了侮辱，这足以说明问题。我忍不住想如果他发展出和他的英雄人格、巨大的自我防御和十足的身体力量相匹配的情绪英雄主义，他的人生会是什么样子。直到今天，他仍被认为是最成功的总统之一，因为他在任期间制定了利于国家发展的长期政策，尽管他们 19 世纪早期卑鄙的人身攻击让美国政治乌烟瘴气。但是由于他经常以眼还眼以牙还牙，他也特别有破坏力，是一个罔顾大众观念的意志坚强、令人生畏的执行者，对反对的意见尤为如此。不仅如此，未解决的个人悲伤、愤怒和憎恨在他业已非常火爆的形象下继续发酵，让他经常在毫无预料的情况下打击其他人和事业，而这些他原本可以公平对待。从这点来看，杰克逊的当选表明了当代美国人心理的重要特征，这些特征陷入“有所得必有所失”的社会进化范畴。

如乔恩·米切姆（Jon Meacham）在他错综复杂的杰克逊的传记《美洲雄狮》（*American Lion*）中声称，“安德鲁·杰克逊在很多方面都非常像我们”这个观察虽然引人注目，却也是夸赞：

在杰克逊总统任期的传说中，有一个传说标志着民主的胜利和种族主义的悲剧，我们可以看到正在形成并发挥作用的美国人的性格。了解他和他的时代可以帮我们理解美国永恒的竞争冲动。杰克逊的一生和工作——他保护和维护的国家——是在优雅和愤怒、慷慨和暴力、正义和残忍的斗争中塑造的……

安德鲁·杰克逊时代的美国自称热爱民主，但仍愿意生活在不平等中，致力于社会公平但倾向于种族主义和不宽容，坚持认为同是美国人也要成两个党派还要进行势均力敌的选举，经常在其他国家面前行事狂傲同时又渴望得到其他国家的尊重……作为对扩大自由和民主的支持者，哪怕对最贫穷的白人都是这样，但杰克逊却是不思悔改的蓄奴者。

他感情柔懦，在战场上救下一名印第安孤儿并收养在家中，但他也是把印第安人从祖先之地赶走的罪魁祸首。杰克逊也是东部金融精英的敌人和美国银行的无情的对手，因为他相信那是腐败的桥头堡。杰克逊也承诺如果维持中央政府的权力和威严需要，他可以去死。如我们和今日之美国一样，杰克逊和他的美国创造了巨大的价值但也犯下了滔天大罪。

切罗基人的血泪之路并不仅是杰克逊主要的罪过，这个政策如果不是非法的，至少也是非常不道德。如果这个强势的总统觉得合适，他可以罔顾法律。为了满足佐治亚州的金矿开采者的利益，杰克逊拒绝支持联邦法院关于切罗基人不能被从富含矿产的土地驱逐的判决。尽管没人有力和意志坚强到足够强迫总统做出这个决定，反印第安人的运动最终在杰克逊的默许下蓄积力量，最终导致南方数个部落被驱逐。一万六千人随后在枪口下聚集起来并被要求西进；四千男人、女人和孩子在途中死去。（直到今天，一些美国原住民仍拒绝使用二十美元的纸币，因为上面印着杰克逊的头像。）

因为他在这一悲剧中的角色，杰克逊有时被人称为美国的希特勒，但他并没有真正的反社会人格。历史表明他是任性、暴躁的人，随时准备吵架并痴迷于不惜任何代价获得胜利。一般来说，这些性格缺陷会阻碍他升任最高公职。但是，杰克逊有很高的“其他 90％的潜能”。

杰克逊的痛苦

作为从小就技艺精湛的骑手，杰克逊花了很多时间在马鞍上以充实强大领导力的存在状态。特别是两种品质：蛮横地坚持立场，罔顾民众观点（甚至是法律本身）的能力，和他在号召一大群人朝着同一个目标努力时（不管他们喜不喜欢这个目标）的非凡天赋。这都毫无疑问地被他对精力充沛的雄马和容易兴奋的纯种马的痴迷而加强。和其他更温和、生来具有合作精神的干重活的马不同，赛马在训练的早期阶段攻击性会非常强、非常善变而且非常顽固。杰克逊学到如何培养它们重要的竞技技能，同时不受这些令人生畏的马的巨大精力、体型、力量的欺负，给了他驯服任性、易怒之人的自信。

但是这些特别的本领——本可以让他成为独裁者、国王和征服者的本领——也可以让他在民主社会的高度复杂的人际关系中走得同样远。他打算带领的居民并不是高水平的马、奴隶或不被社会认可的女人。人群中的很大一部分是拥有权利和意见的自由人，这是杰克逊不知道如何管理的。不仅如此，自由人不受限制或者说合法地把文字当武器，经常参与到文字决斗中，经常激怒杰克逊最有异议、最具竞争性的品质。他没有能力把自己种族的这种潮流逆转。虽然他心爱的纯种马会在早期训练时用后腿站起来攻击，但它们对公平公正的对待还是反应良好的——而且它们也没有幕后的动机。它们不会勉强配合杰克逊的意愿，以便参与到卑劣的权力游戏中，秘密组织其他的成员反对他。它们也不会散布闲言碎语，它们并不关心瑞秋是否结过婚。结果就是，“老狮子”对这些动物更亲切、更同情，也更保护这些动物。

根据布兰迪所述，“没有什么比马匹的管理不善更让他恼火的了”。他不厌其烦地保证小雄马和小雌马开始最好的一生，小心地不过早给它们施加太大的压力。但他对人日渐严厉和怨恨的关系处理方式说明，对于辛苦获得的直觉，他没能吸收这些动物体现出的协作和非掠夺的智慧。结果就是，杰克逊从没有实现成熟的大哥大达到的平衡，他也不知道如何才能和周围的人和谐相处。从这点考虑，他和亚历山大大帝有很多共同点，都是攻击性强、永远都不成熟、具有领袖魅力而且渴求胜利的骑手。而不是像华盛顿那样，同样具有天赋，但更具同情心和适应性的创新者——也不像那个两千年前成为佛祖的人。

但是，公平地说，认识到杰克逊有严重的发展劣势是很重要的。作为赤贫的开拓者家庭的儿子，他并未体验到任何华盛顿、悉达多和自己的马所享受到的安定、近乎理想的童年生活。杰克逊的父亲在自己出生的几个月前去世，报道称其在精疲力竭之后在荒野意外地死去。让事情更糟的是，年轻的杰克逊十四岁时在英国战俘营遭到残暴虐待，因美国独立战争而成为孤儿。但他强大的智慧和活力让他超越了悲剧般的童年生活。显而易见，杰克逊是严重战争创伤的幸存者。他古怪的行为，虽然可以理解，但也在掌权之后给人带来了巨大而且普遍的痛苦。

第三部分:

胜出

第十一章　挑战

【编者按】

人类是一种相当讨厌不确定性的物种，只有把一切都牢牢抓在手里，我们才会觉得安心。这促使我们顽固地想要去掠夺和控制，并给自己和他人带来毁灭性的后果。

事实上，对于任何人、任何事，我们都做不到完全掌控，我们能掌控的只有强烈欲望下的自己。我们需要放下过往的成见，宽恕自己犯下的错误，同时允许新的生存方式的诞生。只有这样，我们才会蜕变出新的力量。

改变习惯

从无形的思想世界得出具有非常重要的文化意义的解决方案需要想象、天赋和十足的胆大心细。创新者的灵魂也必须激活一些重要的人类技能。为了成功，那些害羞、内向、结巴的发明家也必须学着有效地就远见进行沟通；启迪他人、鼓励他人并和他人协作；而且，最重要的是，说服大众为了尝试某种新东西而放弃深深着迷的无效习惯。

举一个相对轻松但仍有挑战的事例——如何做一个更好的拖把。在他 2012 年饱受争议的一本书《想象：创新是如何进行的》（*Imagine: How Creativity Works*）中，乔纳·莱乐（Jonah Lehrer）描述了宝洁把水桶和柠檬香味的清洁剂从数十亿房主皴裂的手中夺下来的复杂并改变其认知的过程。数年间，公司花费数十亿美元，想要开发一种更好的地板清洁产品，但是他们才华横溢的化学家却无法解决一个由来已久的困境：可以溶解污垢的肥皂会损害木材清漆，伤害皮肤。在宇航员首次登月的五十年之后，人们仍在使用他们曾曾曾祖父使用的难用而且像石头般坚硬的东西。（美国第一个拖把专利是1837年获批的，有据可查的拖把可以追溯到16世纪的欧洲。）

雇佣的博士比附近几所高校加起来还多的宝洁做了一件不寻常的事：暂停研究，并寻求帮助。宝洁雇用了位于波士顿和洛杉矶的设计公司，督促研究员哈利·韦斯特（Harry West）和他的团队“想别人不敢想，试着得出一些化学家想不到的观点”。但是后来成为首席执行官的韦斯特并未雇佣更多的科学家。在了解到宝洁已经试过了人类已知的所有分子组合，韦斯特带头做了很奇怪而且很无聊的现代历史上高科技的“无为”。“他坐下来，握着笔，看人打扫、吸尘或是拖地。”韦斯特的团队给这个无人能忍受的最无聊的清洁活动做了大量注释，甚至在家里安装摄像机，捕捉了上百小时的工作画面。“我想忘掉所有关于拖把、肥皂和扫帚的事情，”他后来告诉莱乐，“我在想自己第一次遇到这个问题时会怎样，就像刚走出来自火星的飞船时那样。”

在数月的观察之后，韦斯特的团队认识到拖把本身是所能想象到的最低效的工具之一。人们洗涮拖把的时间要比拖地的时间长很多。“真是难用到极点，”他解释道。“而且你把脏水甩得到处都是，你想要把拖把里的灰尘清干净，但是拖把本身就是为了吸尘而设计的。这真是非常讨厌的活动……一旦我认识到拖把有多难用，我就很热衷于地板清洁……我开始相信这个世界并不需要一个改良的拖把。相反，拖把需要重新设计。因为这件技术产品让人绝望。”

但是，要想出替代方案难倒了设计团队。如莱乐报道称：“他们又开始家访，希望可以得到某些奇怪的启发。一天，设计人员看着一个老妇人从厨房地板上清扫一些咖啡渣。她拿出扫帚，很认真地把咖啡渣扫进簸箕。之后有趣的事情发生了。在老妇人清扫完之后，她沾湿一块纸巾，仔细擦地板，擦干净最后一滴洒掉的咖啡。尽管团队的每个人都无数次做过同样的事情，这块特别的脏纸巾开启了启示之门。”

这个非常深入的观察促成了速易洁的诞生，速易洁把一次性静电除尘纸连接到拖把杆上，把纸巾的高效和拖把的节能技术结合起来。然而，这个看起来很简单的创新产品花了五年时间才面世。宝洁一开始否决了这个产品。毕竟，这个公司占有拖把和地面清洁剂的大量市场。当他们展示了速易洁的草图之后，之前的焦点小组仍不情愿牺牲他们的拖把市场。但经过“一年的呼吁”，这家公司说服宝洁让另一个焦点小组尝试制作原型，而且“这个产品在焦点小组阶段得分比宝洁测试过的其他任何清洁设备都高”。当速易洁在1999年面世时，第一年的销售额就超过五亿美元。

转变思维

认识到这些徒然的力量策略普遍地存在于意识形态的表象之下是很有帮助的。尽管如此，它们也有时以部落传统、宗教和社会压力的名义加强。实际上，世界上重要的宗教清楚地表明并不鼓励这种行为，这些行为十分阴险。在过去三千年中，致力于削减其中一些不良习惯的宗教、文化、道德甚至法律上的努力只能算是勉强成功，因为人们固守自己的无知。我见过虔诚的基督教徒、犹太教徒、佛教徒、穆斯林、美国原住民、无神论者、政治家和掠夺性反社会人格在过去都在使用这些力量工具，并得到破坏性的结果。社会提供的短期解决方案在长期激起更多麻烦，经常导致后代被迫承受巨大的痛苦。

掠夺控制强调“为有限资源而竞争”。这需要等级制度、命令和控制领导模型，加上恐吓、力量、暴力和逐步增加的恐惧来奴役和掠夺其他人。

在游牧文化中，技艺精湛的牧民学会了如何把领导者、控制者、看守人或伙伴、掠夺者的角色结合起来，为了整个跨种族部落的利益而行。但是，在文明、定居的文化中，我们失去了这种对力量的细致入微的理解。随着人类和自然的逐渐分离，我们的很多社会结构都开始失去平衡，过度强调控制，甚至更危险地和掠夺行为结盟。

食肉动物和不成熟的大哥大控制者使用恐吓和暴力让其他动物困惑、失去赋权、去控制，或者，吃掉其他动物。但是，在自然界中，掠夺者还是提供了有价值的服务。如果没有狮子和狼，马、牛、瞪羚、斑马和羚羊群会轻易地过度膨胀，消耗掉所有可用的资源，然后死于饥饿。野心勃勃的人类控制者——足够聪明可以操纵自然并让自己与世隔绝的人类——还没有聪明到可以为了更大的利益平衡他们日渐增长的胃口。强调短期收益、个人利益，他们在用合法和非法的方式剥削其他人的同时耗尽了整个生态系统。奴隶在很多国家曾是不受法律保护的（尽管他们仍然存在于罪恶的亚文化中），掠夺控制在人们使用恐惧、恐吓或欺骗、以他人为代价茁壮成长时，为了加强与世隔绝、越来越奢华的生活方式而劫夺他人成长所需的物质资源和情绪资源时，都会扩散。

掠夺性控制包括各种形式的恃强凌弱和为了实现控制而剥夺人权的更狡猾的方法。比如说，作为社交因素的恐惧和威吓已经证明会抑制智力发展和创新了。一开始，这对那些想要奴役群众，为统治阶级创造智力低下、顺从的“工蜂”的征服者来说是一个优势。但是，这些技巧并不会给领导者带来长期的满足或者安宁。总有更年轻更饥饿的人伺机而动，准备在弱点暴露时发动攻击。结果就是，独裁者无论是政治上、公司里还是家庭中，都必须保持机警，并且对生存越来越不信任，这些都会容易发展为妄想症。

让事情更糟的是，后代和无辜的旁观者必须和这个体系的受害者如仆人、雇员和家庭成员一起小心提防。人和动物在一无所有之后会不可预料地变得暴力，造成一个人和一代人的创伤。类似的是，梅林在和我在一起的前六个月经常毫无理由地攻击我。它以训练的名义所受的虐待大大消解了它作为参展马的巨大潜能，这也进一步说明了这种方式确实浪费了时间、精力和资源。

那些带人走过恐惧、威吓和欺骗的人必须预见到复仇的发生，并经常管理那些对细微威胁一触即发的反应，那些未经治疗的创伤幸存者经历并传递给后代的复仇反应。征服者视自己为挥舞着剑的超人，但是他们将花费更多时间擦干血迹和污垢，而不是享受胜利的果实。

让我们看一下建设性的替代方案。从历史角度看，一些游牧部落也参加过征服和蓄奴活动中，包括视女人为要被交易或被盗的牛。这些文化也会遭受这种不受控制的掠夺行为的有害副作用。高超的牧民会自觉谨慎地使用控制方法，为了特别的维护和平的目的：保护组织不受掠夺者的攻击，和未成年的马和牛之间划定界限，使牧群不去破坏重要的庄稼。当更多人发展出这些领导技巧时，人们可以使用全面赋权的种族的力量，直面商业、教育、宗教和政治中的有组织攻击者。

非掠夺行为的现代范例包括约翰·F. 肯尼迪在古巴导弹危机的采取的扭转战局的策略。肯尼迪总统有极强的自控力，区别攻击行为和界限设置的能力和愿意向敌人伸出友谊之手的能力，他呼吁赫鲁晓夫的人性，并无可争议地在巨大的核危机前拯救了整个世界。

觉醒

因觉察到更高水平的洞见和责任的冲击是如此不快，我们中有很多人并未得到无条件的支持，他们倾向于故态复萌，绝望地抓住陈腐的借口不放。我们可能会试图躲开、进行冥想或者抨击而不是接受最初的赤裸和脆弱的感觉。我们可能责备他人而不是审视自己的行为，认识到在一些可疑情况下自己扮演的角色。

现代文明经常加强这种想法，说无知是福，但是本来是要帮助我们的文化和政治结构，忽视了我们面临的挑战，只能让我们困在混沌状态。一旦创新和生活环境打破了舒适的外壳，孕育一种更大、更同情、更具创新和负责的意识状态，我们就永远无法回到之前孤立的存在状态——真的“不知道”那种状态是做什么的，所以我们必须宽恕那种存在状态造成的后果。

在公元前五百年前后，佛祖提议用定力和冥想技巧来解决这个涉及多方面的问题。五百年后，让人性度过一个更断断续续的智慧、情绪、社会和精神的不成熟阶段的巨大努力，启迪了《圣经·新约》的前四部书[①]。在罗马帝国的巅峰时期，耶稣作为创新社会活动家和宗教领袖花了三年时间“巡回演讲”，鼓励人们超越极端暴力、掠夺的生存状态。他提供了对这项事业和推荐的解决方案的比喻和指示，他也理解羞愧对转变的阻碍。

耶稣知道当人“觉醒”并认识到因依附于掠夺控制的生活方式而每天犯下“罪”之后，人们都感到强烈、让人衰弱的羞愧。他口头描述的技巧和他非语言的表率是那么的先进，现代文明仍在苦苦追赶。

读一下对他文字和行为的记载，我们就能看到下面的技能和原则在发挥作用：

1. 可以触及物化、边缘化的大众的心灵的能力

2. 英勇、不妥协地使用非掠夺力量

3. 拒绝所有的报复行为，包括复仇、怀恨在心或者对侮辱、羞辱手段、背叛和在生命的最后阶段的身体暴力和痛苦的攻击性、防御性反应

4. 同情地接触所有的文化和社会阶层，鼓励人们改变伤人的行为，而不否定更深刻的存在状态或者成为更伟大的人的潜能

5. 情绪英雄主义

---

① 指四部福音书：《马太福音》《马可福音》《路加福音》《约翰福音》。

6. 对脆弱的高度忍耐

7. 不愿利用他人的脆弱、错误和“罪”对付他们

8. 面对非正义时的宽恕

9. 对人类超越恐惧、攻击、压迫、羞辱、责备和痛苦，实现同情、觉醒、和谐的存在状态和行为的不动摇的信念

10. 生动、多方面、高度象征性地使用后来富拉尼部落称之为沙若的仪式——一种身体、心理和情绪忍耐的行为。就耶稣的情况来看，这是极富有同情心的力量形式，可以直面死亡本身。

最后一个策略在意义和意图上是如此复杂和富有层次，导致经常被误解。比如说，我听到过怀疑论者声称如果耶稣真的是上帝的化身，他会轻易征服所有的敌人并避免被钉死在十字架上。与此相反，一些基督教徒用这段剧情当作犹太人的替罪羊，为少数犹太人在导致耶稣被钉死在十字架上所扮演的角色开脱。但是，当我们在《圣经》中读到大致的细节时，显然耶稣做了能做的一切保证他可以忍受这个挑战——他的心中有着非常复杂、改变群体意识的目标。

宽恕

在历史和各种文化中，情绪和社交智慧的显著创新经常被现在称为的“萨满教行为”所实现，这种技巧促使改变的意识状态架起协同一致的社会现实和更灵活、创新的精神实体之间的桥梁，精神实体是远见者带到现实中的新理念的源泉。一些萨满使用恍惚击鼓、跳舞和迷幻药物的方式，另一些使用斋戒、身体忍耐和与自然隔绝的方式以进入重要的转变状态。重要的宗教创新者，从老子到摩西、佛祖、耶稣、穆罕默德，都做过这些，同时他们心中有着更广阔的社会议题，从个人的萨满教行为（比如说在沙漠中游荡，斋戒四十日和四十夜）到创造集体的萨满体验，帮助其他人从更广阔的视角看到并应对人生挑战。

不管你是不是把耶稣当作神的化身，很显然他有非凡的天赋可以把大批人的注意力吸引到转变的体验中，特别是那些发展出非掠夺智慧、互助行为和情绪英雄主义的体验。从他在马厩中出生到圣餐圣礼（他把自己的血肉分给门徒，鼓励他们把自己高度象征的仪式推动向前），耶稣强调了自己愿意作为全人类的“牺牲品”的意志，而并非只为了自己的文化和部族。

忍受被钉死在十字架上的公众奇观是一个更聪明、更有勇气的举动。通过履行有意自我牺牲的极端沙若仪式——在面对死亡时表现出同情和自控——耶稣把罗马帝国的终极威吓一折磨策略转化为反对压迫的象征性胜利。从教堂式思考的角度，拥抱十字架还有另一个目的：通过鼓励人们把自己的羞愧、弱点和黑暗品质映射到自己身上，他想要让这些转变痛苦的副产品“随他而去”，承诺通往更拓展、更赋权的存在，通往干净、质朴的重生。在这一努力中，他真的要消散那些最终导致他被钉刑的人的羞辱和内疚。与此同时，他也说明将通过仪式赦免子孙后代中这同样削弱人力量的情绪——通过他在耶稣受难复活剧中的永恒原型来赦免。

在更现实的层面调查他的人生，我惊讶地认识到在短暂的在世时间内，耶稣积极地布道以反对或是避免成为石器时代四个时期的力量工具。当然，并非所有人都愿意接受他的创新。但是历史表明他的言论和行为传播到中东之外，缓解了席卷世界的“征服和复仇”循环。

虽然无数个人和团体把他提出的原则牢记在心，文明仍然宽恕甚至鼓励掠夺性行为，尽管不时有想要取缔这种行为的努力。讽刺的是，有时控制者把基督教作为社会控制的方法，压迫并羞辱大批民众。好消息是，任何人可以直接接触到原始教义——直接和耶稣创新的比喻、警句和行为对话，同时使用他无所不在的受难复活原型以赦免羞愧，拥抱改变。

新力量的诞生

当我们把恐惧、羞辱、责备、物化、映射、复仇和掠夺控制从等式两边移除会是发生什么呢？当我们摆脱束缚，力量又会是怎样？

经常被忽视的历史维度暗示了意外的答案：在亚历山大大帝、佛祖、成吉思汗、乔治·华盛顿、凯瑟琳大帝、安德鲁·杰克逊、温斯顿·丘吉尔等众多富有影响力的领导人中，一个新的范式诞生了。在数千年中，包含魅力、勇敢、镇静、专注、忍耐和信服的不可见的力量被安静的非掠夺导师可靠地加强。认识到马在多元文化的重要性，并不仅作为负重的牲口，或是国王的伙伴，而是作为国王、征服者、英雄和开拓者的老师，是从黑暗处发掘这种智慧，并在未来加强这种智慧的至关重要的第一步。

马站在所有小径的交叉口，新月正在照耀着我们。为了跟上时代不断变换的脚步，我们要了解力量的光明和阴暗面。成为马的学生——而不是一个工于心计、游离的大师——是要掌握我们所有的掠夺倾向，重新跟随和自然合作，超越本能的原始呼唤，发挥我们的潜能，成为富有远见的领导者，一个足以召集真正赋权的种族的、不断演化、完全有意识的力量的领导者。